Eusebio Vela

Comedia nueva del apostolado en las Indias y martirio de un cacique

Barcelona 2024
Linkgua-ediciones.com

Créditos

Título original: Comedia nueva del Apostolado en las Indias y martirio de un cacique.

© 2024, Red ediciones S.L.

e-mail: info@linkgua.com

Diseño de cubierta: Michel Mallard.

ISBN rústica ilustrada: 978-84-9007-863-1.
ISBN tapa dura: 978-84-1076-056-1.
ISBN ebook: 978-84-9897-147-7.

Sumario

Brevísima presentación

La vida
Eusebio Vela (Toledo, 1688-1737). España.
Nació en España, fue a México con su hermano y se dedicó al teatro como empresario y autor.

Apostolado de las Indias es un drama histórico barroco basado en el martirio del joven Cristóbal, hijo del cacique de Tlaxcala. En esta obra Eusebio Vela introduce entre sus recursos escénicos batallas, terremotos y dragones creando una atmósfera épica y una trama trepidante.

Personajes

Alonso de Estrada, gobernador
Axolote, gracioso
Axoténcalt
Cristóbal, indio muchacho
Dos ángeles
Fray Antonio Ortiz
Fray Martín de Valencia
Hernán Cortés
Indio
Izcóhualt, demonio
Iztlizúchil
Malaguani, india graciosa
Martín de Calahorra
Mendrugo, donado gracioso
Mihuazóchil, madre de Cristóbal
Xochipapálotl, dama india

Jornada primera

(Música. Sale Cortés, barba, como se pinta, con calza; Alonso de Estrada y Martín de Calahorra; Axoténcalt, indio principal.)

Cortés   Ya, famoso Axoténcalt,
veo mis deseos cumplidos,
pues el motivo primero
del triunfo que he conseguido,
fue el deseo de ensalzar
la fe en aquestos dominios,
extendiendo sus misterios
en los más remotos indios,
que ignorantes de tal bien
adoran dioses mentidos;   10
y para lograr mi celo,
ya mi señor Carlos Quinto
envía un apostolado,
que a imitación del de Cristo
os instruyan en la fe,
no con el rigor prolijo
que habéis experimentado
hasta aquí; porque, benignos,
os obligarán afables,
y os conquistarán rendidos;   20
y así avisa a los caciques
que convoquen a los hijos,
porque a recibirlos vamos
todos juntos al camino.

Axoténcalt   Yo, famoso capitán

                    Fernán Cortés, me dedico
                    a obedecer tu mandato;
                    mas permítame tu brío
                    el preguntarte qué nuevos
                    conquistadores has dicho   30
                    son estos, que han de obligarnos
                    con sumisiones, benignos.
                    ¿En esa España tu tierra,
                    imperio de Carlos Quinto,
                    hay gente benigna, afable?
                    Porque acá, por lo que he visto,
                    creí[a] que todos eran
                    tan soberbios, tan altivos,
                    como los que hemos tratado.

Alonso (Aparte.)   ¡Oh, qué mal encubre este indio,   40
                    con su altiva condición,
                    el oculto odio escondido!

Cortés   Bien vais experimentando
                    que con el tiempo hemos sido
                    más tratables y apacibles;
                    mas fue forzoso al principio
                    conseguir con el valor
                    lo que jamás con cariño
                    conseguido no se hubiera;
                    y así tened entendido   50
                    que hay gentes muy apacibles,
                    y, aunque soldados, muy píos,
                    pues que militan debajo
                    del grande alférez de Cristo,
                    que a tremolar su bandera,
                    en reinos ultramarinos

vienen, no como nosotros,
de acero fuerte vestidos,
sino descalzos y rotos,
siendo la cota el cilicio,   60
y el escudo la paciencia,
la banda un cordel ceñido,
las plumas sus pensamientos,
el peto un sayal, el limpio
acero la disciplina;
sus palabras son los tiros,
y lo que ellos no alcanzaren
en pechos empedernidos,
y al golpe de sus palabras
no se ablandaren remisos,   70
con los golpes de esta espada
(que es rayo que ha despedido
Dios a América, irritado
de vuestros perversos ritos),
destrozaré, aniquilando
almas, soberbio.

Axoténcalt (Póstrase.)
                  Rendido,
gran capitán, a tus pies
me tienes; que sí yo he dicho.

Martín   ¡Oh, conquistador heroico
de santo celo encendido!   80

Alonso   La conclusión es aquesto:
de que es cierto lo que ha dicho.

Cortés   Levantad, Axoténcalt,

que este amago solo ha sido,
no contra vos, contra aquellos
que no abrazaren contritos
la fe santa, porque vos,
que sois noble, es desvarío
imaginar no seáis
el primero que, vencido   90
de la razón, no ayudéis
a tan glorioso motivo.

Axoténcalt (Aparte.) (Ah, pesia este vil temor!
De algún encanto inducido
en tanto diverso pecho
de hombres tan infinitos
que con puñados de tierra
pudiéramos confundirlos.)
Ya, capitán, te obedezco;
voy a ejecutar rendido   100
tu mandato. ¡Oh, Sol!, ¡y cómo
son rayos todos tus hijos!

(Vase.)

Alonso   Aún están, grande Cortés,
en sus errores precitos.

Martín   Gran trabajo ha de costar
a nuestra fe reducirlos,
y lo más que han de sentir
aquestos caciques ricos,
que les estorben tener
tantas mujeres, que hay indio   110
que tiene ciento, y aqueste

tiene setenta.

Cortés   Yo fío
en la exhortación y celo
de aquestos siervos de Cristo,
que lo han de lograr.

Alonso   Bien puede
Dios usar de sus prodigios
porque bien es menester.

Cortés   Pues de México he venido
a Tlaxcala, donde estoy,
por conocer los altivos   120
genios de aquestos caciques,
para que de mí asistidos
den principio a sus misiones,
porque, a mi vista, es preciso
(por el temor que me tienen,
que el Señor les ha infundido)
que los reciban afables.

(Sale Axoténcalt.)

Axoténcalt   Ya, gran capitán, movidos
de mi noticia, los nobles,
a la voz de un bando, han sido   130
tantos los que se han juntado
que ya las calles son ríos
inundados de corrientes
racionales y ya han visto
los topiles, que a la vista
estaban, esos benignos

gachupines que esperabas.

Cortés   Pues vamos a recibirlos.

(Entran y vuelven a salir. Suenan dentro teponaztles. Bosque
y la peña.)

Voz   ¡Viva[n] quinpía totaches!

Axoténcalt(Aparte.)   Ya de la plebe aplaudidos   140
                      llegan, para mayor rabia
                      de mi furor encendido.

(Tocan, y van subiendo por el palenque fray Martín de Valencia, fray Antonio Ortiz: Mendrugo, de donado, y por el
tablado los que hubiere de indios, con súChiles y sartas de
rosas, que darán a los frailes; Mihuazóchil, Xochipapálotl,
Malaguani y Martín. De rodillas los españoles.)

Cortés   Apostólica doctrina,
                          salve, y vengáis en unión
                          donde, con la devoción,
                          redimáis tanta ruïna.

Fray Martín   Salve, Cortés valeroso,
                          salve, causa que eligió
                          Dios, por donde consiguió
                          efecto tan portentoso.   150
                          No a los pies de este gusano
                          esté de rodillas quien
                          tal triunfo logró; más bien
                          puedo estarlo yo.

Cortés   La mano
            he de besar de esta suerte
            a vuestra paternidad.

Fray Martín   Pues con aquesa humildad
            quiere vuestro pecho fuerte
            ensalzarse a más memoria,
            no es bien que me excuse a ello.   160

Alonso(A fray Antonio.)
            Deme, vuesa reverencia,
            a besar la mano.

Fray Antonio   Ejemplo
            dais a todos, singular.

Martín   Yo, padre, tal bien espero.

Axoténcalt   ¡Cortés postrado, y los suyos!:
            grandes hombres son aquestos.

Iztlizúchil   Pues el grande capitán
            y todos sus compañeros
            se han postrado a tales hombres,
            lleguemos todos.

Todos   Lleguemos.   170

(Van todos los indios, de rodillas, besando las manos a los
frailes, y llegan al gracioso muchos.)

Iztlizúchil   Dadnos, totaches divinos,

vuestras manos.

Mendrugo   Quedo, quedo,
que para todos habrá;
a fe de lego, que temo
que no me coman las manos,
pues dicen que comen éstos
los hombres, que se las pelan;
¡ay, que me ha arrancado un dedo!

Cortés   Pues, nobles americanos,
celebrad al uso vuestro   180
la dicha de haber venido
tan divinos mensajeros
a noticiaros de un Dios
trino y uno los misterios.

Cristóbal   Sea un baile a imitación
de aquel que el monarca nuestro,
el gran Moctezuma, hacía;
y puede ocupar su puesto
mi padre Axoténcalt.

Axoténcalt   ¿Yo?

Cristóbal   Sí, porque sabéis hacerlo.   190

Mihuazóchil   Yo acompañaré también.

Malaguani   Y yo.

Cortés   Empezad.

Axoténcalt (Aparte.)   De ira tiemblo.
          ¡Yo celebrar nuestra afrenta!
          Mas es fuerza, porque temo
          el enojo de Cortés.
          Pues ya estoy pronto, empecemos.
          Ojalá que como ahora
          al monarca represento,
          en aquel tiempo lo fuera,
          que no llegara este tiempo.   200

(Bailan.)

Fray Martín   ¡Oh, Cortés, cómo el Señor
          ha premiado el santo celo
          con que has recibido humilde
          sus ministros!, que si él mesmo
          hizo rey de Inglaterra
          a un miserable porquero
          que honró a un sacerdote suyo;
          y al Magno Alejandro, en premio
          del haberse arrodillado
          en Jerusalén modesto   210
          a otro, le dio todo el mundo,
          ¿qué mucho, pues, que anteviendo
          aquesta humildad heroica,
          te diese a ti un mundo nuevo,
          y más victorias en él
          que en el otro consiguieron
          cuantos celebran historias
          en volúmenes diversos?

Cortés   Si a mí, pecador indigno,
          tantas gentes se rindieron   220

por católico, por obra
de Dios, sin conocimiento,
¿qué mucho, pues yo conozco
y constantemente creo,
que a quien representa a Cristo
me postre y me humille, siendo
tan grande la diferencia
de postrarme a vos, o a mí éstos,
cuanto va del hombre a Dios,
o de un pecador a un bueno?   230

Fray Martín   ¡Oh, católico Escipión!

Alonso   ¡Oh, cristiano verdadero!

Martín   ¡Qué humildad, tan de valiente!

Mendrugo   ¡Valiente conocimiento!

Xochipapálotl   Mihuazóchil, admirada
estoy de ver el respeto
con que el capitán los trata.

Mihuazóchil   Y no es de admirarse menos
que con tan toscos vestidos,
y descalzos, sean más que éstos,   240
tan lucidos y bizarros,
donde de veras infiero
que aquesta ropa será
de grande valor y aprecio.

Iztlizúchil   Axoténcalt, que será
Carlos Quinto aqueste, es cierto,

que Cortés no se rindiera
a otro ninguno en el suelo.

Axoténcalt   Dice siguen la bandera
de un Francisco, su maestro.   250
Conque sujetos, discurro,
a dos reyes estaremos;
y si con uno nos tienen
tan rendidos y sujetos,
¡cómo estaremos con dos!

Iztlizúchil   Mejor, si son como aquestos
tan humildes sus soldados,
pues solamente de verlos,
siento un fervor que me inclina
a estimarlos y a quererlos.   260

Axoténcalt   Y yo un odio que me incita
a ajarlos y a aborrecerlos.

Fray Martín   Esta es la bula del Papa,
bien podéis ver su contexto.

Cortés (Lee.)   «Nuestro carísimo hijo
en Cristo, Carlos, electo
rey de romanos y de
las dos Españas, habéisnos
declarado el fervoroso
y católico deseo   270
que tenéis para ensalzar
la religión, y para eso
habéisnos pedido que
a la América envïemos

religiosos que declaren
de fe los altos misterios.
Por lo cual nos, que obligados
por nuestro cargo debemos
el cuidado de mirar
por la salud y gobierno   280
de las almas, permitimos
puedan sin impedimento
pasar a tan alto fin
los religiosos austeros
mendicantes, y especial,
como nos pedís vos mesmo,
los observantes Franciscos.
Pero ha de ser advirtiendo
que, a imitación del de Cristo,
estos apóstoles nuevos   290
han de seguir sus costumbres,
que siendo así, prometemos,
imitándolos en vidas,
que los imiten en premios;
y a cargo de los prelados
quede que elijan para ello
los varones más idóneos,
encargando para esto
la conciencia. En Zaragoza;
y sellada con el sello   300
del Pescador; diez de mayo,
año de mil y quinientos
y veinte y dos; primer año
del pontificado nuestro.
Adrián Sexto.» Bien declara
el breve el merecimiento
de vuesas paternidades,

pues vienen a tal empleo.

Fray Martín   Mas atemoriza al ver
el gran cargo que tenemos;   310
que Dios a veces se vale
para ensalzar sus misterios
del instrumento más vil,
y en mí, Señor, lo contemplo:
y porque no es bien descanse
al que fían tanto peso,
sobre esta peña, que está
convidando para ello,
empezará mi ignorancia,
aunque con labio grosero,   320
a declararos, devota,
de fe los altos misterios.

(Se sube en un peñasco, que a su tiempo se eleva.)

Mendrugo   Sermoncito, y yo en ayunas;
vaya en gracia.

Cortés   Estad atentos.
Oíd, oíd, que Dios habla
por su boca.

Todos   Ya atendemos.

Mendrugo   Aunque predique en romance,
tengan ustedes por cierto
que habló a cada uno en su lengua,
que arte tuvo para ello.   330

Fray Martín   Hijos y queridos míos,
no entendáis que a aqueste reino
he pasado por la plata
que encierran sus minas dentro;
ni menos por pretender
mejorar fortuna, siendo
aquí más acomodado,
porque solamente vengo
a mirar por vuestro bien,
pues de él nace el mío a un tiempo,   340
sin pretender más riqueza
que este sayal que poseo
para vestir; que comer,
a la providencia apelo,
que ésta no puede faltar,
que mi Dios se encarga de eso,
que los bienes de la tierra
se quedan acá en muriendo,
y las buenas obras sirven
de escala para ir al cielo;   350
éstas son solicitar
reduciros a lo cierto
y alumbraros, que hasta aquí
el demonio os tiene ciegos,
haciéndoos que idolatréis
en los ídolos perversos,
introduciéndose él
en ellos por responderos
a vuestras preguntas, cuando
le sacrificáis al fiero   360
la sangre de vuestros hijos
y parientes; que con esto
logra el tormento en sus almas,

y el sacrificio en sus cuerpos.
¿Qué Dios puede ser tirano,
sin dolerse de los mesmos
que le adoran, aceptando
que con raudales sangrientos
manchen sus aras, gustando
de lastimoso trofeo?   370
Dioses que deleita el ver
el espectáculo tierno
de tanta inocente sangre,
no son dioses, que son fieros
demonios; que Dios es uno
en esencia, verdadero,
y tres personas distintas
que vienen a ser un cuerpo.
De suerte que en todos tres
no hay más que un Dios, advirtiendo   380
que el Padre es Dios, Dios el Hijo,
Dios el Espíritu Eterno.
De modo que aunque son tres
personas, cada uno, siendo
Dios por sí, no es más que un Dios
trino y uno, de ab aeterno,
y éste tan benigno y manso,
que aunque ofendido de vuestros
falsos ritos, adorando
a su enemigo, ha dispuesto   390
reduciros amoroso,
y nos envía para esto
a nosotros a enseñaros,
para llevaros al cielo.
Éste es Dios, pues que perdona;
éste es Dios, que es justiciero;

éste es Dios, que olvida agravios;
éste es Dios, sumo e inmenso;
y esos ídolos, demonios,
enemigos comuneros   400
de vosotros y de Dios.
Porque como se halla inepto,
por su soberbia obstinada,
de ver a Dios, ha dispuesto
con sus astucias privaros
del bien y, rabioso perro,
saciar su odio mirando
tanto holocausto sangriento.
Setenta mil corazones,
en México solo, ciegos   410
sacrificabais cada año,
y el rabioso can, hambriento
de lástimas y desdichas,
no con esto satisfecho,
en premio de este holocausto
atormenta en el infierno
sus almas, sin que se apague
su diabólico deseo.
Aqueste es el que adoráis;
éste es a quien en [s]abeos   420
perfumes dais holocausto;
éste a quien quemáis inciensos;
éste a quien víctimas dais
en tantos dones diversos;
éste a quien sacrificáis
los corazones resueltos,
(Saca un Santo   y el que yo [os] ofrezco es Cristo,
Cristo.)   que con los brazos abiertos
os espera manso, afable;

si ese lobo carnicero   430
se deleita en vuestras muertes,
éste, cual manso cordero,
por librarnos de la eterna
se entrega a la muerte él mesmo.
Si ése sacia su avaricia
en vuestra sangre sediento,
éste derramó la suya
por salvar el universo;
si ése, a los que le obedecen
los tiene en tormento eterno,   440
éste, a aquellos que le siguen
en su alcázar les da asiento.
Americanos, llegad,
no estéis sordos a mis ecos,
no perdáis esta ocasión,
no desperdiciéis el tiempo.
Y vos, Señor, alumbrad
su ciego conocimiento,
vos, que en ese leño disteis
el espíritu al Eterno   450
Padre, solo por salvarnos;
no se malogre en aquestos
aquesa preciosa sangre;
que si vista cobró un ciego
porque os conozca, al heriros,
con el rocío sangriento,
y en premio de vuestra ofensa
le disteis conocimiento,
en pago de los agravios
que estos ciegos os han hecho,   460
dad vista a su ceguedad,
alumbrad su entendimiento,

(Música.)

o comunicadme a mí
algún rayo de luz vuestro,
para que pueda alumbrarlos.
Concededme este deseo.

(Va subiendo el santo en la peña, quedando en el aire; baja un ángel con un rayo en la mano, quedando encima de su cabeza y, al fin de la música, se sube.)

Ángel 1 (Cantando.)   A tu ruego movido,
     te concede el Señor
     este rayo de luz
     que encienda de tus voces el fervor. 470

Cortés   ¡Qué prodigio!

Iztlizúchil   ¡Qué asombro!

Axoténcalt   ¡Qué encanto es éste, Sol!

Xochipapálotl ¡Qué admiración!

Cristóbal   Aguarda,
totache, que ya yo
quiero seguirte, espera.

Iztlizúchil   Caciques, ¡viva el Dios
de los cristianos!

Todos   ¡Viva!

Axoténcalt   ¡Que esto escuche! Yo estoy

                    rabiando de esta afrenta.

Xochipapálotl
(Música.)   ¡Que éstos en deshonor   480
                    de nuestros dioses alcen
                    tan sacrílega voz!

Todos   Ven, totache, que todos
                    adoramos tu Dios.

Ángel (Cantando.)   Vuelve, varón dichoso,
                    a lavar el borrón
                    feo de idolatría
                    con el agua que todo lo lavó.

(Sube, y baja el santo.)

Todos   Dadnos los pies, dichoso.

Cortés y los suyos Permite, gran varón,   490
                    besar tu pie.

Fray Martín   ¡Qué es esto!
                    ¿Hijos, de qué nació
                    el humillarse a este
                    vil gusano?

Mendrugo   ¿Pues no
                    has escuchado al pueblo,
                    que todos en unión
                    adoran a Jesús?

Fray Martín   De mí me enajenó

un accidente.

Mendrugo   Bueno,
y ponen a una voz   500
los gritos en el cielo,
diciendo: «¡Viva el Dios
de los cristianos!».

Fray Martín   Demos
las gracias al Señor,
pues él solo es quien mueve
los pechos a su loor.

Cortés   ¡Oh, santo fray Martín!,
que en tu voz infundió
algún rayo divino,
pues con él consiguió   510
dar luz a la ignorancia,
que Satanás astuto oscureció.

Fray Martín   Pues el Señor ha querido
alumbrar vuestra ignorancia,
acuda mi vigilancia
a lavar el denegrido
error de la idolatría
con el agua del bautismo,
y a libraros del abismo
en que el demonio os tenía;   520
fácil lo conseguiré,
pues en la corriente estáis
del bautismo, que esperáis
en la tabla de la fe;
y porque mejor efecto

tengan nuestros regocijos,
de los más nobles los hijos
quiero con rendido afecto
instruïrlos en la fe.
Que como en la tierna cera,   530
con facilidad espera
mi celo que formaré
de católicos la forma;
que espero, del que se aplique,
que a sus padres les predique
y les explique su norma.

Cristóbal   Totache, yo te suplico
que me des a mí lección,
pues con toda inclinación
a aprenderla me dedico.   540

Axoténcalt (Aparte.) ¡Mal nopiltzin, tal pronuncias!

Mihuazóchil (Aparte.)   Que mi hijo sea el
              primero.

Xochipapálotl
(Aparte.)   Mi hijo será el heredero
si consigo mis astucias.

Fray Martín   Al verte me dice el alma,
pues que la fe te aficiona,
que has de lograr la corona,
pues que te llevas la palma.

Axoténcalt   Mas disimular es fuerza,

a vista del capitán.   550

Xochipapálotl
(Aparte.)   Mis persuasiones harán
que el amor en odio tuerza
Axoténcalt, mi marido.

Fray Martín   Vamos, pues, a que logréis
con el agua que queréis,
lavar lo que ha oscurecido
vuestra idolatría.

Cristóbal   En fin,
qué me queréis enseñar.

(Teponaztles.)

Fray Martín   Enseñarte y envidiar.

Todos   ¡Viva el totache Martín!   560

(Vanse.)

(Tocan, y vanse; sube el Demonio de debajo del tablado por
la boca de un dragón, y echará fuego por ella.)

Demonio   Oh, tú, vestiglo horrendo, forma impía,
triforme estatua de la idolatría,
vomita de un bostezo de tu centro
al soberbio Luzbel que ha estado dentro
tantos tiempos oculto,
dando espíritu a tan horrible bulto;
que ya salgo a la tierra

a trabar en los hombres fiera guerra:
que estos fieros mendigos (¡pena fiera!)
hasta aquí ya tremolen la bandera   570
del seráfico alférez de los cielos;
que a tan ignota tierra sus desvelos
también hayan venido fervorosos;
ocúltenme los senos pavorosos;
mas mis astucias poco han de poder,
o tengo de sembrar y revolver
con la cizaña mía
odio en los pechos de esta monarquía
contra estos remendados,
hasta verlos rendidos y ultrajados.   580
Tantos son al bautismo los que llegan
(¡ah, pesia mí!), que todos se atropellan
para llegar aprisa a recibirle;
pero a Axoténcalt quiero decirle
(pues su forma he tomado)
que soy Izcóhualt, que escondido he estado
en los montes oculto,
que con él, el lograr no dificulto
la airada rabia mía;
pero ya del concurso se desvía   590
que es verdadero amigo mío éste,
y siente mis agravios; mi odio apreste
su sañuda venganza
porque logre mi rabia su esperanza.

(Sale.)

(Sale Axoténcalt.)

Axoténcalt   ¿Cómo, dioses soberanos,

no cubrís de oscuro luto
el firmamento aquí,
a oprobio tan furibundo?
¡En América olvidado
vuestro soberano culto,   600
adorando dios ajeno
y extranjero!

Demonio   ¿Qué discurso,
Axoténcalt, te conduce
a este sitio tan confuso?

Axoténcalt   Si es aprensión lo que veo,
¿no es Izcóhualt?; mas ¿qué dudo?
Él es. Izcóhualt, ¿qué es esto?
¿Dónde tanto tiempo oculto
has estado? ¿Cómo aquí
te encuentro, cuando al sañudo   610
rigor de los españoles
te juzgué fueses tributo?
¿Te veo vivo? ¿Qué es esto?

Demonio   No te admires, pues yo, astuto,
amparado de los montes,
en aquel tiempo recluso
estuve; mas después, viendo
que no es de pechos robustos
huïr tímido del riesgo,
quise, sublevando a muchos   620
amigos parciales míos,
oponerme a los perjuros
que aclamaban a otro rey,
pues volviendo a verme, juzgo

que nadie con más razón
merece tan alto triunfo;
pero [me] echó de su banda
ese capitán sañudo.
Con sus milicias se opone
a mis intentos, ¡qué mucho!,   630
pues consiguió tanta gloria
que ya lo venera el mundo
por famoso capitán
y vengador sin segundo
de los que a su rey se oponen:
a una voz que dio, confusos
se quedaron mis parciales
(son espíritus inmundos
y cobardes, no me admiro)
diciendo (¡que tal pronunció!):   640
quién como mi rey, villanos.
Y al estruendo furibundo,
se acobardaron los míos;
cayeron, y no fue mucho,
pues cayeron de la gracia,
que cayesen al profundo
de la miseria; mas yo,
sin arrepentirme, busco
ocasiones de vengarme,
si no es su rey, porque es mucho   650
y está distante su reino,
en sus vasallos astuto:
para cuyo fin he estado
entre vosotros oculto.
¡Ea! gran Axoténcalt,
no permita el valor tuyo
que estos míseros cristianos

quieran con un dios intruso
poner en perpetuo olvido
a nuestros dioses augustos: 660
a los caciques convoca
tus parciales, tiemble el mundo
al valor de tu coraje,
que yo te prometo, y juro
de parte de nuestros dioses,
que te asistan todos juntos.
Corran ríos, por las calles,
de sangre de estos desnudos;
aquí tienes a tu amigo
Izcóhualt, cuyo atributo   670
dice en el idioma nuestro,
para más fiero trasunto,
que es culebra de navajas;
yo te asisto, logra el triunfo
para que quede memoria
de ti en los siglos futuros.

Axoténcalt   Deseando he estado, amigo
del alma (que te intitulo
amigo del alma...).

Demonio   Pues
no lo dudes.

Axoténcalt   No lo dudo.   680

Demonio   Que soy amigo tan fino
que a los que yo constituyo
por mis amigos, lo soy

de su alma.

Axoténcalt   Así lo discurro.
Deseando estaba, amigo
(vuelvo a decir), hallar uno
con quien poder desahogarme.

Demonio (Aparte.) (Ahogarte fuera más justo.)
Pues desahógate, ¿qué esperas?

Axoténcalt   No es este puesto oportuno;   690
desviémonos de aquí
a paraje más oculto.

Demonio   Pues vamos adonde quieras,
que ya instruirte discurro
diversas dificultades
para responder astuto,
en favor de nuestros dioses,
a esos totaches intrusos.

Axoténcalt   Eso deseo, pues vamos.

Demonio   Vamos, que yo lo procuro.   700

(Vanse.)

(Salen Mendrugo, Malaguani y Axolote.)

Axolote   Ya, pagre, que tal pentora
hemos ogrado te que
pinieses a este jacal
primermente so mercé,

tíganos qué es lo que quiere.

Mendrugo   Primero quiero saber
cómo es tu nombre.

Axolote   Axolote.

Mendrugo   Axolote, bueno a fe,
¿y es ese nombre de pila?

Axolote   De la lagona estar pez;   710
tíganos, pagre, qué quiere.

Mendrugo   Que algo me deis de comer,
que el bendito fray Martín
de Valencia desde ayer
me tiene sin dar un pienso,
y con el hambre pensé
si es que por yerro de cuenta
alguna cosa tenéis
para poner un puntal,
porque si no, me caeré   720
de necesidad.

Malaguani   Pues vaya
y tráigolo sopa y grez,
os tamales.

Mendrugo   ¿Qué le dices?

Malaguani   Os tamales.

Mendrugo   Aunque estén

malos, échalos acá,
que no importa.

Malaguani   Ahmo, quinequi.

Mendrugo   Aunque sean de tu amo.

Malaguani   Ahmo, ahmo.

Mendrugo   Yo diré
a tu amo, no te pares,
que me los distes, porque   730
ya me moría de hambre.

Malaguani   Yo, totaches, os traeré;
tzin amono oquicocolti.

Mendrugo   Aunque el cogote se ve
gordo, está la panza flaca.

Malaguani   Yz nichiguaz.

(Vase.)

Mendrugo   ¡Ah! mujer,
mira que rabio de hambre
y no te puedo entender.

Axolote   Caçan tetla cotliztica.

Mendrugo   Indio del diablo, también   740
me hablas en algarabía.

Axolote   Yo, pagre, te lo traeré.

Mendrugo   Mas que sea bagre, no importa,
tráelo, que muy bueno es.

Axolote   Pagre.

Mendrugo   Aunque sea róbalo,
como un lobo comeré.

Malaguani   Nican quinpía tamales.

(Saca tamales.)

Mendrugo   ¿Muy malos están?, a ver;
éstas son morcillas.

Axolote   Ahmo.

Demonio (Sale.)   Pues no las has de comer,   750
que en ti, que eres flaco, puedo
mi saña satisfacer.

Mendrugo   Éstas son cáscaras.

Axolote   Dentro
está el carne.

Mendrugo   ¿Dentro?, bien,
que si dentro está encerrada

con los dientes abriré.

(Dentro de una hoja estará una culebra que se le queda colgada de la boca.)

Mas ¿qué es esto? ¡Ay, qué culebra!
¡Ay!, que me muerde.

Axolote   Totache,
no hemos puesto lo nihual.

Mendrugo   Esto es castigo porque   760
no tengo templanza; padre
fray Martín, socórreme.

(Salen fray Martín y fray Antonio.)

Fray Martín   ¿Qué voces son éstas?, digo.

Mendrugo   ¿Padre mío, no lo ve?,
esta culebra, o demonio
que me come hasta la nuez.

Fray Martín   Diga «Jesús», que no es nada.

Mendrugo (Vuela.)   Jesús, Jesús —ya se fue—.
(Híncase.)   Yo, padre, digo mi culpa.

Demonio   Y yo me voy, por no ver   770
(¡ah pesia mi rabia!) a este hombre.

(Vase.)

| Fray Martín | Eso se merece el que
de la gula se mantiene. |

| Mendrugo | ¿De la gula?, bueno a fe,
y no he probado bocado,
padre mío, desde ayer.
Yo soy hombre frágil, padre,
y comer he menester;
¿soy camaleón que del aire
me he de poder mantener? 780
Eso es bueno, padre mío,
solamente para el
que se mantiene de orar,
y de ejercitarse en
hacer obras meritorias
para merecer más bien;
mas, que no coma yo, a mí
es darme qué merecer. |

| Fray Antonio | Tenga el hermano Mendrugo
templanza. |

| Mendrugo | ¿Qué he de tener 790
templanza, cuando ya están
las cuerdas de este rabel
destempladas? |

| Fray Antonio | ¿Cuáles cuerdas? |

| Mendrugo | Las tripas, que ya se ven
locas de tanta cordura;
que tripa, la cuerda es. |

Axolote   Mi hijo, pagre mío, está
                     sin pastezarse e querré
                     que güesa pagrenidad
                     lo pasteze.

Fray Martín   Llévele   800
                     a la iglesia que fundó
                     para esto Fernán Cortés
                     antes de nuestra llegada,
                     en que a tantos bauticé.

Malaguani   Está enfermo, pagre mío,
                     moriéndose.

Fray Martín   Tráigale,
                     no se malogre, si muere,
                     para su alma, tal bien.

Malaguani   Ya voy, totache Martín.

Axolote   Agoarda, lo ayudaré.   810

(Vanse.)

Fray Martín   Si no trata de templar,
                     hermano, la gula, entienda,
                     si no conozco la enmienda,
                     que el hábito ha de dejar.
                     Por mirar la devoción
                     que en el viaje nos tenía,
                     movido de su porfía
                     concedí su petición.
                     Pero si en aqueste clima,

donde venimos a dar   820
ejemplo con nuestro obrar,
miran cuán poco se estima,
¿qué ejemplo ha de dar, hermano?

Mendrugo   Padre, como fui grumete
el hambre cruel me acomete,
pero yo me iré a la mano.

Malaguani (Sale.) ¡Oh!, totache, ¡ay!, impelice.

Axolote (Sale.)   Ayte de mí, y sin pentora,
ya se morió el criatora.

Fray Martín   ¡Qué lástima!, ¿qué me dice?   830

Malaguani   ¡Despentorado de mí!
¡Ay!, nopiltzin, que ya es muerto.

Mendrugo   Sin duda, que ha sido cierto.

Fray Martín   No os aflijáis, traedle aquí.

Axolote   Voy, pagre mío, derecho;
¿moerto, poede pastezarse?

Mendrugo   Sí puede, mas no salvarse,
porque ya no es de provecho.

Fray Martín   Tráigale, que en Dios confío
que es accidente y se engaña.   840

Mendrugo   Milagrito hay en campaña.

Axolote   Está moerto, pagre mío.

Mendrugo   Tráigalo aquí, no replique,
                    que aquí nosotros estamos.

Axolote   Vamos, Malaguani.

Malaguani   Vamos.

(Vanse.)

Fray Martín   Tu amparo, Señor, aplique
                    para estorbar tal ruina.

(Sacan un muchacho como muerto.)

Axolote   Ya lo es moerto el pobrecito.

Mendrugo   ¿De qué se murió?

Malaguani   De ahíto.

Mendrugo   Échenle una melecina.   850

Fray Antonio   Deje de hablar desaciertos.

Mendrugo   ¡Quién de Lucena tuviera
                    aquí el vino que pudiera

resucitar a los muertos!

(Música.)

Fray Martín
(Híncase.)

      Vos, Señor, habéis de hacer
que restituido sea
a la luz, para que vea
esta gente tu poder.

(Bajan dos ángeles.)

(Dúo)cantor 1

      Rompan, rompan del aire
las vagarosas nieblas,   860
espíritus alados,
luces de inteligencia.

Fray Antonio   Arrobado se ha quedado.

Mendrugo   No fuera muy mala treta
apropiarme este milagro.
(Música.)   ¿Quiere la hermana indizuela
el que yo lo resucite?

Malaguani   ¡Ay!, totache, si lo hiciera.

Mendrugo   Pues por mi cuenta lo deje;
no se aflija la pobreta.   870

Cantor 1   Apostólico varón,
ya el gran Jehová demuestra
su poder entre esta gente

44

porque conozcan y crean.

Cantor 2   A nosotros nos envía
con el alma, que suspensa
para este caso la tuvo
para que al cuerpo se vuelva.

Cantor 1   Espíritu sin cuerpo.

Cantor 2   Invisible cometa.   880

Cantor 1   Vuelve a ocupar tu centro.

Cantor 2   Los sentidos despierta.

Los dos   Ánima, respira,
infunde, alienta,
y el corazón las alas
vuelva a batir ligeras;
ánima, respira,
infunde, alienta.

Fray Martín   Gracias os doy, gran Señor.

(Esto ha sido a los lados del muchacho, y el santo hincado
en medio.)

Indio
(Levantándose.)   Aguarda, totache, espera.   890

Malaguani   Milagro es éste.

Axolote   Milagro.

Mendrugo   Ea, callen, no se sepa
              mi virtud.

Indio   Nonanche mía.

Malaguani   ¡Ay!, nopiltzin, llega, llega
              a abrazarme.

Fray Antonio   ¡Oh, gran varón!

Indio   ¡Mas qué miro!

(Mirando a fray Martín.)

Mendrugo   Que yo tenga
              tal gracia oculta.

Indio   Éste es
            el que vi.

Mendrugo   A él se endereza.

Axolote   ¿A quién viste?

Indio (A fray Martín.)   A este
                totache
            que me dio vida.

Mendrugo   Es quimera;   900
            como estaba sin acuerdo,

de que fui yo no se acuerda.

Indio
Éste es quien me dio la vida;
llegaré a besar la tierra
que pisa.

Fray Martín
Diga qué hace,
hermanito.

Indio
Lo que es deuda.
Tú eres, varón prodigioso,
quien me dio vida.

Fray Martín
La inmensa
piedad de Dios se la dio.

Indio
Mas tu intercesión me alienta,   910
y por ella, yo la logro.

Fray Martín
¡Qué asombro!

Indio
Lo que te ruega
mi humildad, es que me des
con el bautismo tu escuela
para que sepa creer.

Fray Martín
Bendito por siempre sea
el Señor; así lo haré.

Indio
Y yo, padre, en recompensa
le serviré como esclavo.

Fray Martín
Que sirva al Señor es deuda;   920

digamos todos unidos
al Señor que lo gobierna:

(Vanse con esta copla los ángeles, y repiten abajo.)

Música   Los ángeles en el cielo
                y los hombres en la tierra,
                todos alaben a Dios,
                bendito su nombre sea.

                Fin de la primera jornada

Jornada segunda

(Salen Cortés, Martín de Calahorra y Alonso de Estrada.
Sala.)

Martín
    Grande fruto ha conseguido
    la apostólica doctrina
    de aquestos siervos de Dios.

Alonso
    Y lo que más maravilla,
    lo incansable de su celo,
    pues cada día bautiza
    cada uno más de dos mil,
    sin que por esta fatiga
    falten a lo doctrinal,
    pues con esto hay quien predica   10
    en un día seis sermones
    por calles y por esquinas.

Cortés
    Y los que están repartidos
    por el reino dan noticia
    del gran éxito que logran
    por todas estas provincias.

Martín
    ¿Y es menos, el acudir
    a la multitud crecida
    de los muchachos que enseñan?
    Y esto con la austera vida   20
    que siguen, pues nunca comen
    carne, siendo su comida
    legumbres, la cama el suelo,
    y una piedra dura y fría

por almohada, y cuando mucho
una tabla o una viga.
El vestido ya se ve,
descalzos, como se mira,
de cilicios rodeados,
que éstas son las galas ricas.   30

Cortés   Pues fray Martín de Valencia,
aun esa pobre comida,
por quitarle la sazón,
la revuelve con ceniza
que siempre lleva consigo,
diciendo está desabrida
y que es sal la que le echa.

Alonso   Querer contar de su vida
será numerar la arena,
o epilogar las aristas;   40
mas solo quiero decir
lo que un compañero afirma,
que habiendo ya muchos años
que a sus padres no los vía,
siendo padre grave ya,
religioso de provincia,
pidió licencia para ir
a verlos, y ya a la vista
de su patria, por creer
que el deseo le movía   50
de que lo viesen honrado,
al lego que con él iba
hizo que con una soga
por el cuello (¿a quién no admira
su humildad?) que lo llevase

estirando por la villa;
y después por más afrenta,
en la picota, a la vista
del pueblo, se hizo azotar
colgado de la aldabilla;   60
y sin aguardar a ver
a los suyos, se encamina
otra vez a su convento;
éste es el varón que envía
Dios a América a exhortar
a esta gente endurecida.

Cortés   Grande ejemplo de virtud
y desnudez de la altiva
vanidad.

Alonso   También me dijo
el padre fray Juan de Rivas,   70
que es él uno de los doce
que trajo en su compañía,
que tuvo revelación
antes de nuestra conquista
de lo que hoy está pasando,
pues él propio certifica
que una noche en los maitines,
estando esta alma bendita
con los demás religiosos
del Convento de María   80
de Monteceli del Hoyo,
en la segunda domínica
de adviento, al principio de ellos
comenzó a sentirse herida
su alma con un fervor

de extirpar las herejías;
y en aquel salmo que dice
(según él propio publica):
«Eripe me de inimicis
meis, Deus meus», y duplica   90
el verso de «Convertentur»,
en cuyo contexto explica:
«Convertiránse a la tarde,
y que cual perros vendrían
hambrientos», de celo armado
el varón santo decía:
«¿Cuándo llegará esta tarde,
cuándo aquesta profecía
se cumplirá? ¡Oh, si yo fuera
tan feliz que la vería!   100
No seré yo tan dichoso,
no es esta miseria digna
de ver tal», cuando el Señor,
en visión le comunica
muchas ánimas de infieles
que a la fe se convertían,
y a que les diese el bautismo
en busca suya venían.
Con aquesto recibió
su alma tal alegría,   110
que sin poder ocultar
aquesta visión divina,
con una tremenda voz
dijo tres veces distintas:
«Loado sea el Señor»,
y dicho esto, en la misma
acción se quedó arrobado.
Los religiosos, que vían

que con aquel grande extremo
que hizo no se movía,   120
lo llevaron a la celda,
pensando que ya perdía
el juicio, y así se estuvo
casi diez horas.

Cortés   Bendita
sea su gran misericordia,
que tales varones cría.
Y en el colegio fundado,
en que a los indios doctrina,
es incesante el trabajo,
pues acude su fatiga   130
a enseñarlos a leer
y a escribir, siendo infinita
a la multitud que enseña.
Y ya están en la doctrina
los muchachos tan expertos,
y en nuestra fe esclarecida
tan firmes, que es un portento,
pues hay niño que predica
a sus padres que rebeldes
están para recibirla.   140
Y el haberlos entregado
los padres para que sigan
la doctrina, y que la aprendan,
lo atribuyo a que sería
por el temor que me tienen,
y no provocar mis iras.

Martín   En lo que están más rebeldes,
es en no dejar la inicua

costumbre de las mujeres,
reduciéndose a hacer vida   150
con una sola, conforme
en nuestra ley se practica;
y en la confesión, pues dicen
que un hombre a otro no fía
sus pecados.

Cortés   ¡Grave error!,
pues no advierten que, en la silla
del confesionario, a Dios
representa.

Martín   Bien lo explica
en las pláticas que hace.

(Sale Mendrugo.)

Mendrugo   Deo gracias, Ave María.   160

Alonso   Hermano Mendrugo, ¿qué hay?

Mendrugo   Mucho trabajo, a fe mía.

Cortés   ¿Cómo va de seminarios?

Mendrugo   Ya a costa de mi fatiga
se va luciendo el trabajo.

Cortés   ¿Pues enseña?

Mendrugo   Como hay viñas,
que aunque fray Martín me ayuda,

yo soy el que da salida
a los difíciles casos.

Cortés   ¿En qué ciencia?

Mendrugo   En la cartilla.   170

Cortés   ¿De qué suerte?

Mendrugo   Si me llaman
y «hermano Mendrugo» gritan,
¿no es cierto que el p-a-n, pan
declaran?

Alonso   Gracia exquisita.

Mendrugo   ¿Pues qué se les hace duro
que por pan Mendrugo digan?

Alonso   No por cierto.

Mendrugo   Señor mío,
en aquellos que se aplican
con el hambre de saber,
que digan pan o semita   180
poco importa, porque en fin,
como el texto especifica:
«bonam hambrem, non pan malum».

Alonso   ¿Y qué autor lo dice?, diga.

Mendrugo   El autor de la comedia.
¿Habrá quién lo contradiga

en las tablas, si él no quiere?

Alonso   Ahora, no.

Mendrugo   Pues otro día,
en llegando a otro la tanda
que lo tunda, que no implica,   190
pues dirá si le disparan,
«bala a vela, bola, vila».

Cortés   Y de los muchachos que hay,
¿cuál es el que más se aplica?

Mendrugo   El hijo de Axoténcalt
aprende que es maravilla.
Ya la gramática sabe,
y a su padre le predica;
y los ídolos que tiene
los desbarata, y los tira   200
a escondidas de su padre,
y su madrastra se irrita,
y él no lo deja por eso.

Cortés   ¿Quién es su madrastra?

Mendrugo   Esa india;
no acierto cómo se llama.

Cortés   ¿Xochipapálotl?

Mendrugo   La misma;
Joaquinpalote, esa propia.

Cortés   Y su madre, ¿quién es?

Mendrugo   Nigua.
                             Válgate Dios.

Cortés   ¿Mihuazóchil?

Mendrugo   Sí, señor, que yo quería   210
                             por las niguas acordarme,
                             que tuve en los pies asidas.

Cortés   ¿Y está en casa fray Martín?

Mendrugo   A los seminarios iba
                             cuando yo salí.

Cortés   Pues vamos
                             a verle, que ya ha dos días
                             que no le veo.

Mendrugo   ¿A la escuela?,
                             pues de paciencia se vistan
                             para aguantar a los gritos
                             de los muchachos.

Cortés   No implica.   220

(Vanse.)

(Salen fray Martín, Cristóbal y el otro muchacho, Juan, con
altar y crucifijo, cubiertos hasta su tiempo. Cortil.)

Fray Martín   Pues ya tomaron lección

los demás, ahora veamos,
pues que solos nos quedamos
nosotros, la explicación
de la doctrina.

Cristóbal   Elocuente
responderé.

Fray Martín   Decid vos,
Cristóbal; pues, ¿quién es Dios?

Cristóbal   Es un Señor sumamente
benigno, sumo y afable
que crió cuanto en sí encierra   230
cielo, aire, agua y tierra,
sin que su ser admirable
de alguien heredado fuese,
pues de ab aeterno increado,
sin principio señalado,
sin que de otro dependiese.

Fray Martín   Declaraos, que no os entiendo.

Cristóbal   Con la fe, lo entenderéis.

Fray Martín   ¿Y con la fe lo sabéis?

Cristóbal   La fe me lo está diciendo.   240

Fray Martín   Y al que le faltare fe,
¿cómo saberlo podrá?

Cristóbal   Eso, imposible será.

Fray Martín   Pues, ¿no me diréis por qué?

Cristóbal   Escuchad con atención:
                   a la fe se pinta ciega,
                   porque a los ojos se niega
                   de la humana comprensión
                   del ser divino la unión;
                   porque misterios sagrados   250
                   son de lo humano ignorados;
                   de donde claro se infiere
                   que el que con la fe creyere
                   verá más a ojos cerrados.

Fray Martín   Respondió de admiración.
                   ¿Quién te enseñó a responder
                   de esa suerte, sin saber?,
                   decid.

Cristóbal   La propia razón,
                   que el ser de Dios, uno y trino,
                   querer saberle es en vano,   260
                   porque a alcanzarle lo humano
                   dejara de ser divino.

Fray Martín   ¡Admirado me ha dejado!
                   Solo Dios pudiera hacer
                   que al que enseñan a creer,
                   a creer haya enseñado.
                   Decid, Juan, ¿vos sois cristiano?

Juan   Sí, por la gracia de Nuestro

Señor Jesucristo.

Fray Martín   Diga,
¿qué quiere decir, sabremos,   270
cristiano?

Juan   Los que conocen
a Jesús y recibieron
el bautismo.

Fray Martín   ¿Quién es Cristo?

Juan   Dios, y hombre verdadero.

Fray Martín   ¿Cómo es Dios?, decid.

Juan   Porque es
hijo de Dios, sumo inmenso.

Fray Martín   ¿Cómo es hombre?

Juan   Porque es
hijo de María, el Verbo.

Fray Martín   Este Cristo, ¿es el Mesías
que esperaban los hebreos?   280

Juan   Aqueste es el prometido.
que los profetas dijeron.

Fray Martín   ¿Creéis vosotros lo que yo
os he enseñado?

| Los dos | Sí, creemos. |

| Cristóbal | Y por defenderlo, padre,
perder la vida prometo. |

| Fray Martín | ¿Qué, tú perdieras la vida,
Cristóbal, por defenderlo? |

| Cristóbal | Sí, padre, ¿pues por qué no? |

| Fray Martín | ¿Tendríais valor para ello?   290 |

| Cristóbal | Dios me daría valor,
si por débil el aliento
me faltara, que el más fuerte
no ha de fiar de sí mesmo
sino de Dios, que es quien puede
en tal trance socorrernos;
mas siento en el corazón
un tan fervoroso afecto
de defender la fe santa,
que si el cuchillo en el cuello,   300
el dogal en la garganta,
el pie metido en el fuego,
en el enristre la lanza,
enarbolado el acero,
viera, porque desdijera
de la fe, que adoro y creo,
al cuchillo y al dogal,
al acero, lanza y fuego,
me entregara, me arrojara,
constante, firme, resuelto,   310
antes que faltar un punto |

a la fe, que reverencio.

Fray Martín ¡Oh, católico cristiano!
¡Oh, bien empleado tiempo
que en doctrinarte he gastado!
Llega, llégate a mi pecho,
llega, dame mil abrazos.

Cristóbal Bástame besar el suelo
que pisas, maestro y padre,
pues que mejor ser te debo   320
que al padre que me engendró,
que si él me dio el ser que tengo,
tú le diste ser al alma,
y uno es mortal, y otro eterno.

Fray Martín ¡Oh, Cristóbal, si supieras
qué grande envidia te tengo!

Cristóbal ¿Envidia? No puede ser
que vos tengáis, pues sabemos
el que la envidia es pecado,
que así nos decís vos mesmo.   330

Fray Martín Esta envidia no lo es,
pues no nace del deseo
de quitarte tu fervor
y el merecimiento menos;
sino es de que yo no tenga
otro tal merecimiento.

Cristóbal ¿Pues tú, padre, no nos dices
(aunque es en caso diverso)

que el deseo de tener
contrición, y un verdadero   340
dolor, hace que lo sea?,
pues claro es que tu deseo
de fervor, fervor se hace,
y que mereces con eso.

Fray Martín   Dios te haga santo, Cristóbal.

Cristóbal   Muy bien puede Dios hacerlo,
que pues me formó de nada,
o de tierra, lodo, o cieno,
y soy cristiano aunque indigno,
ya lo más, padre, está hecho.   350

Fray Martín   Dices bien, que lo más es
ser cristiano para serlo,
y es loco aquel que no es santo
teniendo el conocimiento
de la fe y de los favores
que a Jesús, manso cordero,
debemos, pues por salvarnos
se entregó a la muerte él mesmo.
Vosotros, con más razón,
si consideráis atentos   360
que, habiendo nacido en clima
tan ignoto y contrapuesto,
sin noticia de la fe,
su providencia ha dispuesto
que viniésemos nosotros
a daros luz, advirtiendo
cuán difícil es que vean
los ciegos de nacimiento;

aquestos, pues, sois vosotros.
Pues nacisteis siendo ciegos,   370
y otros ciegos os guiaban,
y torpes vosotros, y ellos
por mostraros el camino
del imperio (pues sabemos
que a ese fin nacemos todos,
a navegar el inmenso
valle de lágrimas, que hay
tantos caminos diversos
de falsas sectas y errores,
sendas que van al infierno).   380
Como ciegos ignorantes
del camino que va al cielo,
por aquel en que se hallaban
os guïaban al averno,
y vosotros, ignorantes,
os ibais también tras ellos.

Cristóbal   Bien conozco, padre mío,
lo que al Señor le debemos;
¡ojalá que yo pudiera
que estos idólatras tercos   390
conocieran como yo!;
y mi padre es uno de ellos,
que aunque valido de Dios
varias veces me he resuelto
a decirle lo que alcanzo,
él se está en su error protervo.
Pedidle vos, padre, a Dios
que ablande su duro pecho,
que yo espero que lo alcance

del Señor el ruego vuestro.   400

Fray Martín   Por todos en general
se lo pido; y pues ya habemos
dicho la doctrina, vamos
al ejercicio dispuesto
que hacemos todos los días
en donde a orar os enseño
y cómo se habla con Dios.

Juan   Vamos, que ya lo deseo,
que aunque los brazos me duelen
de tenerlos tanto abiertos,   410
en cesando de rezar
siento en el alma consuelo.

Cristóbal   ¿Descubro el altar?

Fray Martín   Sí, hijo.

Cristóbal   Ya, padre mío, está abierto.

(Descúbrese un altar con un Santo Cristo. Arrodíllanse.)

Fray Martín   Amado Jesús mío,
que en ese sacro leño fiel sufristeis
tanto rigor impío
de aquellos que llamados elegisteis,
y de este beneficio
con vuestra muerte hicieron desperdicio. 420
Ya, Señor, estáis hecho
injurias a sufrir por los favores.
Conque no mal sospecho

que consigan piedad los pecadores,
pues aunque te ofendamos
frágiles, por Dïos te confesamos.
Recibid, Señor, este
afecto que postrados te ofrecemos,
en que se manifieste
que por nuestro hacedor te conocemos; 430
hállete pues propicio
este, del alma, tierno sacrificio;
estos firmes arrojos
que el alma fervorosa manifiesta,
os quiten los enojos,
pues tan acepta a vos es la protesta
de católicos ciertos,
pues decimos con los brazos abiertos:

(Se ponen en cruz.)

Todos   Creo en Dios Padre, en Dios Hijo,
en Dios Espíritu Santo.   440

Juan   Creo en tan alto misterio
de la Trinidad sagrado.

Cristóbal   Y creo en la encarnación
de Dios Hijo, que encarnado
en el vientre virginal
de María, puro claustro,
a la redención del hombre
vino en vaso tan intacto.

Fray Martín   Creo en la pasión y muerte
de Jesús, que, por salvarnos,   450

al Padre Eterno le hizo
sacrificio soberano
de la vida, y puso fino
el espíritu en sus manos.

Juan   Creo que quiso quedarse,
su cuerpo sacramentado
en cuerpo y alma en la tierra,
su grande amor declarando,
misterio de los misterios,
milagro de los milagros.   460

Cristóbal   Y porque es gusto de Dios,
también creo en todo cuanto
la Católica y Romana
Iglesia confiesa, el Santo
Pontífice, Vice-Dios,
de Cristo digno vicario,
y en defensa de lo dicho,
diera mil vidas, si acaso
mil tuviera.

Fray Martín   Y yo quisiera,
Dios mío, el haberte amado,   470
amarte ahora y por todos
los instantes dilatados
de la eternidad.

Juan   Y yo,
que hombres, ángeles y santos
te amasen por mí.

Cristóbal   Si fuera

posible, yo, amarte tanto,
como te amas a ti mismo.

Fray Martín   Y ahora os pedimos postrados
vuestra santa bendición:
pues rendidos, imploramos...   480

(Póstranse.)

Los tres   La del Padre, la del Hijo,
la del Espíritu Santo.

(Al paño, Cortés, Alonso, Martín y Mendrugo.)

Cortés   Maravillosa virtud,
en el suelo está postrado.

Mendrugo   Es que acabó la oración
que hace con los muchachos.

Cortés   Pues si ya acabó, lleguemos.
(Sale.)   Dadme a besar vuestra mano,
apostólico varón.

Fray Martín   Oh, gran Cortés, levantaos.   490

Cortés   Con aquesta reverencia
siempre he de llegar a hablaros,
no solo a vos sino a todos
los sacerdotes, pues cuando
Dios me ha honrado a mí, que soy
hechura de inútil barro,
de su mano poderosa,

por hechura de su mano,
en postrarme a un sacerdote
que está a Dios representando   500
no hago nada, pues debemos
el hacerlo los cristianos.

Fray Martín   Y por eso, del Señor
tendrás siempre duplicados
los favores.

Martín   Y yo espero
tal dicha.

Alonso   Y yo la aguardo.

Fray Martín   Gran Martín de Calahorra,
y vos, Alonso, gallardo,
de Estrada, los brazos dadme.

Los dos   En besando vuestra mano...   510

Fray Martín   Tal honra nunca esperaba;
que tres campeones bizarros
visitasen mi humildad.

Cortés   Vos sois digno, padre amado,
de más honor, que éste es poco.

Fray Martín   Le tengo por el más raro.
Vamos, honraréis la celda
a quien tanto habéis honrado.

Cortés   Vamos por lograr tal dicha.

Mendrugo   Yo me adelanto volando,   520
                      pues nos hacen tal cariño,
                      a hacerles el agasajo.

(Vase.)

Fray Martín   Entrad, señores.

Cortés   Primero
                      habéis de ir vos a guiarnos.

Fray Martín   Soy hijo de la obediencia,
                      y así obedezco.

Todos   Pues vamos.

(Vanse los españoles.)

Juan   ¿Vienes, Cristóbal?

Cristóbal   Yo voy
                      a ver si es que ocasión hallo,
                      sin que lo sepa mi padre,
                      de desbaratar los falsos   530
                      ídolos que ciego tiene
                      en el cale colocados.

Juan   Mira lo que haces, Cristóbal,
                      que es arrojo temerario
                      y puede ser...

Cristóbal   ¿Qué ser puede?,
              di; ¿que [él] me dé de palos?
              Como yo logre romperlos,
              lo doy por bien empleado.

Juan   Haz lo que quieras, mas digo
              que el padre nos ha enseñado   540
              que honremos a padre y madre.

Cristóbal   ¿Pues cuando, di, más honrado,
              que sus ídolos rompiendo,
              porque no llegue a adorarlos?
              Manda Dios que se obedezca
              al padre y la madre cuando
              manden lo justo, mas no
              nos manda que consintamos
              en contra de nuestra fe
              tan horrendo desacato: 550
              pues si me mandara a mí
              que idolatrara, obligado
              no me hallaba a obedecerle,
              que es padre más inmediato
              Dios, y me manda que siga
              su Evangelio soberano.

Juan   Tú dices bien; mas mi padres,
              gracias a Dios, son cristianos.

Cristóbal   Dichoso tú, mas yo espero
              con razones obligarlos.   560

Juan   Si atienden a la razón...

Dios te guíe.

Cristóbal   A él me consagro.

(Vase.)

(Salen Xochipapálotl y Mihuazóchíl. Bosque.)

Xochipapálotl   Mihuazóchil, lo que digo,
y te lo vuelvo a decir,
es que si él fuera mi hijo
le diera castigo.

Mihuazóchil   ¿Sí?,
pues yo no, que antes me dio
un gran gusto en lo que vi.

Xochipapálotl   ¿El intentar destrozar
los altos ídolos, di,   570
te dio gusto, Mihuazóchil?

Mihuazóchil   ¿Quiéreslo más claro oír?

Xochipapálotl   No, mas extraño el oírlo,
y más el oírtelo a ti.

Mihuazóchil   ¿Pues seré yo la primera
que los niegue, por seguir
la ley de Cristo? Pues sabes
cuántos la siguen sin mí,
hombres discretos y viejos.

Xochipapálotl   No, pero yo presumí   580

que las indias principales
deben en todo seguir
a su marido.

Mihuazóchil
(Aparte.)   Mal he hecho
en llegarme a descubrir
con esta enemiga, pues
está envidiosa de mí,
por ser mi hijo heredero.
¿Qué haré, cielos?

Xochipapálotl   No entendí
que faltases al decoro
de Axoténcalt, y creí   590
que atendieses a la sangre
que heredaste del feliz
Moctezuma, pues por ella
llegastes a conseguir
ser una de las mujeres
de Axoténcalt, por lucir
los quilates de tu sangre.

Mihuazóchil   Luego, ¿tú entendiste, di,
que hablaba de veras?

Xochipapálotl   ¿No?
¿Pues no dijiste —(ay de mí)—   600
te alegrabas —(mucho siento)—
que Cristóbal —(el oír)—
intentara —(que no es cierto,)—
el destruir —(pues así)—
las imágenes —(lograra)—

sagradas? —(introducir
que mi hijo fuera heredero)—.

Mihuazóchil   Sí, pero yo lo fingí
por ver si tú lo sentías.

Xochipapálotl   No procures disuadir   610
lo que de veras dijiste,
porque has llegado a advertir
que hiciste mal, que Axoténcalt
de mí sabrá...

Mihuazóchil   ¡Ay, infeliz!

Xochipapálotl   Lo que has dicho.

Mihuazóchil   ¡Ay de mí, triste!,
qué gran yerro cometí.

Xochipapálotl   Pues faltando...

Axoténcalt
(Al paño.)   ¿Qué es aquesto?

Xochipapálotl   A su decoro...

Axoténcalt   ¿Qué oí?

Xochipapálotl   Y al culto de nuestros dioses...

Mihuazóchil
(Aparte.)   A Axoténcalt descubrí   620
a la puerta, válgame

la industria.

Xochipapálotl   Me has dicho aquí...

Mihuazóchil   Que no seré la primera
cristiana yo.

Axoténcalt   ¡Ah!, ¡mujer vil!

Mihuazóchil   Mas ha sido porque sé...

Axoténcalt   Aquesto me importa oír.

Mihuazóchil   Que tú lo eres.

Axoténcalt   ¡Qué es lo que he oído!

Mihuazóchil   Y así quise descubrir
tu pecho diciendo aquello,
para poder conseguir   630
te declarases conmigo,
y pues lo encubres de mí,
no importa, que yo diré
a Axoténcalt.

Axoténcalt   Eso sí,
porque adoro a Mihuazóchil.

Mihuazóchil   Lo que sé...

(Sale Axoténcalt.)

Axoténcalt   Ya yo lo oí.

Mihuazóchil
(Aparte.)   A una traidora, otra aleve.

Xochipapálotl   ¿Cómo, Axoténcalt aquí?
                    Señor, si habéis escuchado...

Mihuazóchil   Si oísteis, señor, de mí...

Xochipapálotl   La cautela de esta aleve...

Mihuazóchil   Lo que puedes discurrir...

Xochipapálotl   Es máxima suya, pues...

Axoténcalt   No me tenéis que decir,
                    pues la sacrílega, sé
                    que ha pretendido seguir
                    esa ley de los cristianos
                    pretendiendo deslucir
                    a nuestros supremos dioses.

Xochipapálotl   Advierte que ha sido ardid   650
                    de Mihuazóchil aleve,
                    que quiere apropiarme a mí
                    su culpa.

Mihuazóchil   Señor, si dije
                    aquello, sin advertir
                    que me estabas escuchando,
                    advierte que no es así.

Axoténcalt   No pretendas disculparla
                 intentando disuadir
                 lo que tan claro escuché,
                 ni tú quieras convertir   660
                 tu maldad a Mihuazóchil,
                 pues ves que quiere encubrir
                 tu culpa, compadecida;
                 pero si es claro cenit
                 Mihuazóchil, y deidad
                 que se compadezca así,
                 qué mucho si la piedad
                 es atributo feliz
                 de las deidades que ostentan
                 con ella más el lucir.   670

Xochipapálotl   No creas su hipocresía,
                 que esa piedad es a fin
                 de ocultar más su cautela,
                 pues ella fue quien aquí...

Axoténcalt   Ea, no más, que ya sé
                 quién es la hipócrita vil,
                 pues ya lo escuché del cielo,
                 y ése no puede mentir.

Xochipapálotl   Siempre he sido, de las dos,
                 para con vos la infeliz.   680

Axoténcalt   Es que ya profeta el alma
                 me decía en esa lid
                 que habías de oscurecer

el heredado matiz.

(Sale el demonio Izcóhualt.)

Izcóhualt   ¡Ah, pese al infierno,
que tal he visto sin que del averno
en su seno me oculto!
¿Cómo permites que se ofenda el culto
de los dioses supremos auxiliares,
profanando su culto en tus altares?   690

Axoténcalt   ¿Izcóhualt, qué es aquesto?
¿Cómo vienes así tan descompuesto?
¿Quién es, di, quién se atreve
a profanar el culto, que se debe
a sus deidades, en mi cale santo?

Izcóhualt   Es Cristóbal tu hijo.

Mihuazóchil   ¡Qué quebranto!

Axoténcalt   No lo digas, espera, que no intento
de persuadirme a tal atrevimiento.

Izcóhualt   Pues para que lo creas,
ve al santo cale, para que lo veas,   700
pues los ídolos fuertes ha quebrado,
y en él a esa Señora ha colocado
que llaman abogada los cristianos.

Axoténcalt   Por los dioses supremos, que a mis manos
ha de morir.

| Mihuazóchil | Cubierta estoy de hielo. |

| Xochipapálotl | Mira, Axoténcalt, si mintió tu cielo,
supuesto que su hijo... |

| Axoténcalt | Calla, mujer, que de eso no colijo
que Mihuazóchil pueda tener culpa. |

| Xochipapálotl | Claro es que tu afecto la disculpa.   710 |

| Izcóhualt | Ven a ver su osadía. |

| Axoténcalt | El amor, de creerlo me desvía. |

| Mihuazóchil | Pues sois, María, favorable puerto,
librad mi hijo de este riesgo cierto. |

(Vase.)

(Vanse y descúbrese un altar con una imagen de Nuestra Señora, y a Cristóbal hincado, y los ángeles a los lados, y algunos ídolos arrojados en el suelo. El jacal.)

| Dos cantores | Regocíjense los cielos,
las jerarquías sagradas
celebren risueñas,
festivas aplaudan
a Cristóbal, que en quebrar los ídolos
y en traer a María a su misma casa   720
no puede negarse que ha tenido gracia. |

| Cristóbal | Casta azucena, cándido jazmín,
jardín ameno de recreación, |

mar tranquilo, insondable en perfección,
del Verbo Eterno sacro camarín:
perdonadme si en puesto tan ruïn
os coloca mi fiel veneración,
que estando vos en él es bendición
de Dios, el registrar a su confín;
disculpados mis yerros estarán,   730
por los deseos que en mi amor se ven,
porque ¿a quién, Madre, tan supremo don
como el teneros en su casa dan?
¿Quién en su mano tiene tal blasón
que no meta el buen día en casa, quién?

Dos cantores   Regocíjense los cielos,
                      las jerarquías sagradas, etcétera.

(Al paño, los que entraron.)

Axoténcalt   ¿Qué armonía es ésta, dioses?

Mihuazóchil   ¡Qué dulzura tan extraña!

Xochipapálotl   ¡Qué ruido tan halagüeño!   740

Izcóhualt   ¡Qué ira, qué pena, qué rabia!

Xochipapálotl   ¿No miráis arrodillado
                      a vuestro hijo, y colocada
                      la imagen, que es de María,
                      en el altar, y arrojadas
                      las estatuas de los dioses
                      de él?

Mihuazóchil	¿Y las luces, no extrañas,
	que rodean su deidad,
	que afrentan a las del alba?

Axoténcalt	¿Y no reparáis también	750
	que el espacio mil fragancias
	exhala?

Izcóhualt	¿Qué reparáis,
	ni advertís, más que en la osada
	desvergüenza de vuestro hijo?
	Llegad y arrojad del ara
	esa imagen. ¿Qué aguardáis?

| Axoténcalt | Bien dices; baje arrojada |
| | de mi furor. |

| Mihuazóchil | Axoténcalt, |
| | detente. |

| Axoténcalt | ¿Pues tú me atajas? |

| Mihuazóchil | Yo procuro reportarte. | 760 |

Axoténcalt	Aparta, villana, aparta;
	mas, ay de mí, ¿qué es aquesto?,
	¿quién me ha clavado las plantas
	en el suelo?, que moverme
(Andase medio.)	no puedo; una montaña
	tengo asida a cada una.

| Izcóhualt | Todo el infierno me valga. |

Axoténcalt   Izcóhualt, llega; que yo
          no sé qué encanto me ataja.

Izcóhualt   Yo no puedo, yo no quiero   770
          entrar adonde se halla
          ese retrato; no puedo,
          no quiero, digo; ¡qué ansia!

(Vase.)

Axoténcalt   Pues yo llegaré a arrojar
          su deidad; ¡ay!, que me abrasan
(Fuego.)   tantos rayos que despide.

Cristóbal   ¿Adónde vais, gente errada?,
          ¿qué infernal cólera os mueve?,
          ¿qué diabólica arrogancia
          os ciega, para intentar   780
          arrojar la soberana
          Reina de las jerarquías?
          Si es diabólica asechanza
          de la indomable serpiente,
          ¿no miráis cómo [a] sus plantas
          su indócil cerviz domeña,
          y su altivez avasalla?
          Si es celo de esas inmundas
          estatuas desbaratadas
          por mis manos, si son dioses,   790
          decidles que satisfagan
          su ultraje, y que me castiguen
          si pudieren.

Axoténcalt   Calla, calla,

sacrílego, no baldones
sus deidades, no su saña
te reduzca a ser ceniza.

Cristóbal   No temo tus amenazas,
y porque lo veas, mira
cómo las pisan y ajan
mis pies.

Axoténcalt   Oh, gran Huichilobos,   800
¿cómo sufres tal infamia?
Desata un rayo del cielo,
o a mí por rayo desata
este lazo que me prende,
por que le abrase y deshaga.

Cristóbal   Pide favor a María,
y podrás mover las plantas,
que Huichilobos no puede,
pues desamparado se halla
del espíritu dañado   810
que otras veces le acompaña,
porque no puede asistir
donde está nuestra abogada;
pídele amparo y verás
cómo el lazo te desata.

Axoténcalt   Hijo vil, ¿qué me aconsejas?
¿Yo pedir favor (¡qué ansia!)
a María?

Cristóbal   Pues no esperes
de aquesa opresión extraña

verte libre.

| Axoténcalt | Arrancaré | 820 |

la tierra asida en las plantas,
desquiciaré de su centro
esas pesarosas basas;
mas ¡ay de mí! que no puedo,
y ya el aliento desmaya,
el esfuerzo titubea,
y el movimiento se embarga.

Mihuazóchil   ¡Qué maravilla, qué asombro!

Xochipapálotl   ¡Qué encanto, qué horror!

Mihuazóchil   Ataja
tu ruina pidiendo amparo   830
a esta Señora.

Axoténcalt   Que lo haga
por mí, dudo.

Cristóbal   Nunca niega
su favor a quien se ampara
de su sagrado; ¿qué dudas?

Axoténcalt   Tú, Cristóbal, pues te hallas
tan favorecido de ella,
se lo ruega.

Mihuazóchil   ¡Qué desgracia!,
Cristóbal, tu ruego sea
quien las prisiones deshaga

que le oprimen.

Cristóbal   Yo lo haré   840
por alumbrar su ignorancia.
Madre de misericordia,
pues este atributo afianza
(siendo misericordiosa),
que te apiades de la extraña
desgracia de aqueste hombre,
que su ceguedad fue causa
del desacato intentado,
a que el demonio le instaba;
desatadle y dadle luz,   850
viendo lo que el ruego alcanza
mío con vos, vos con Dios,
pues del Sol Cristo sois alba.

Axoténcalt   Ya puedo moverme, ya
la prisión se desenlaza,
que oprimido me tenía.

Mihuazóchil   ¡Gran milagro!

Xochipapálotl   ¡Duda rara!

Cristóbal   Pues ya has visto, padre mío,
el poder de Ésta sin mancha,
concebida de ab aeterno,   860
y en la mente preservada
del Padre para su Hija,
del Espíritu ideada
para Esposa, y elegida
para el Hijo Madre intacta,

¿qué esperas para olvidar
esas mentidas estatuas,
a quien das adoración,
de barro, de bronce y plata,
sin ser más que unos mentidos   870
simulacros, formas vagas,
a quien erige la idea,
por el demonio guïada,
holocaustos como a dioses,
siendo ilusión vacilada
que formó la fantasía
(de aquellos primeros) vaga?
Cristo es el Dios verdadero;
su santa ley es la escala
para subir a la gloria,   880
centro feliz de las almas;
y la vuestra es el camino
que os despeña a la morada
pavorosa del abismo,
encenagados en vanas
delicias perecederas,
en la embriaguez, en las varias
mujeres, cuando al principio,
que formó a su semejanza
Dios al hombre, le crió   890
para compañera amada
una sola, por mostrarnos
que una ha de ser, y no tantas;
salid de tantos errores
con que el demonio os engaña;
lavad, pues, con los cristales
del bautismo tantas manchas,
que el espíritu inmundician

y las conciencias os dañan;
poner por intercesora   900
a María soberana,
por cuyo medio esperad
que conseguiréis la gracia;
y así postrado conmigo,
ante su deidad sagrada
decid conmigo.

Axoténcalt   ¿Qué dices,
blasfemo vil?; ten el habla.
¿Yo postrarme ante otra imagen
que las que han sido adoradas
de todos mis ascendientes?   910
¿Yo dejar la acomodada
ley que sigo, por seguir
ley tan sujeta y pesada?
¿Yo privarme de los gustos?
¿Yo dejar abandonadas
tantas caciques ilustres
como me honran y acompañan?
¿Y en fin, poner en olvido
dioses que edades tan largas
veneraron mis mayores?   920
Primero, pues ya se hallan
libres mis pies del hechizo
que mi impulso embarazaba
(por milagro de mis dioses
para volver por su causa),
he de arrojar esa imagen
del altar, y a ti la osada
acción he de castigar.

Cristóbal   Mira, señor, que te engaña
                     el demonio; teme a Dios.   930

Axoténcalt   No miro, ni temo nada.

Cristóbal   Señora, pues yo no puedo,
                     vos mirad por vuestra causa.

Axoténcalt   Aunque el cielo lo impidiera,
                     he de hacer.

(Va a llegar al altar, y los ángeles tomarán dos espadas de
fuego y al mismo tiempo sonará tempestad.)

Ángel 1   Bárbaro, aparta,
                     que Dios sufriría su agravio,
                     mas no el de su madre santa.

Axoténcalt   Detened, nobles mancebos,
                     esas centellas o espadas
                     que vibráis contra mi vida.   940

Xochipapálotl   ¿Qué tempestad impensada
                     es ésta? ¿Quién oscurece
                     tan presto las luces claras
                     del día?

Mihuazóchil   ¡Tormenta horrible!
                     Encontrados se barajan
                     los vientos.

Axoténcalt   La tierra gime

y se estremece irritada.

Ángel 1   Cristóbal, lleva a María
                 adonde esté venerada.

Ángel 2   Huye, pues, con tu deidad,   950
                 del riesgo que te amenaza,
                 que aún no es tiempo que consigas
                 la corona que te aguarda.

Axoténcalt   Mas, pues no puedo vengarme
                 en su deidad, de mi rabia,
                 será despojo este infame;
                 mas ¿dónde está, que no le halla
                 mi furor?

Cristóbal (Coge a Nuestra Señora del altar.)
                 Vamos, Señora,
                 huyendo de aquesta casa,
                 pues sacrílegos pretenden   960
                 ultrajar la venerada
                 Reina de los cielos y ángeles.
                 Venid adonde adorada
                 estéis de quien os conoce,
                 y dejad esta malvada
                 gente.

Axoténcalt   ¿Dónde te ocultas,
                 hijo vil?

Cristóbal   ¿Yo hijo? Te engañas,
                 que no puede ser mi padre
                 quien niega a la soberana

madre de Dios; ¡ay de ti,   970
si su intercesión te falta!

(Vase.)

Ángel 1   Vamos guardando a Cristóbal,
                   pues es de María guarda.

(Vase con los ángeles.)

Xochipapálotl   Voy huyendo de este horror.

(Vase.)

Mihuazóchil   El favor santo me valga
                   de María.

(Vase.)

Axoténcalt   Pues el cielo
                   en mi contra se declara
                   oscureciendo sus luces,
                   y la tierra amontonada
                   me embaraza mis intentos,   980
                   el viento oprimido brama
                   por asombrarme, el abismo
                   conjurado se desata
                   en mi ofensa, ni el abismo,
                   viento, tierra, cielo ni agua,
                   no han de poder estorbar
                   el rigor de mi venganza,
                   pues escondida en el pecho

la tendré para lograrla.

(Vase.)

Fin de la segunda jornada

Jornada tercera

(Salen Iztlizúchil, Axoténcalt e Izcóhualt.)

Iztlizúchil	¿A qué con tanto secreto, Axoténcalt, nos conduces a Izcóhualt y a mí a este sitio?
Axoténcalt	A romper la servidumbre ignominiosa que oprime a nuestros timbres ilustres. Ya es tiempo de sacudir esta opresión que reduce nuestro valor a vivir olvidado, torpe, inútil.

Recuerde, pues, del letargo
por entre claras vislumbres,
de la razón el coraje,
que duerme con pesadumbre.
¿Dónde yacen las proezas
de nuestros antiguos lustres?
¿Dónde están tantas hazañas
que en América se incluyen?
Ya es tiempo, amigos, ya es tiempo
que nuestro valor procure
volver por su antigua fama,
y para lograrlo acude
mi vigilancia a vosotros,
para que seáis las nubes
que oscurezcan de estos rayos,
hijos del Sol, tantas luces;
para cuyo fin, ya tengo

(que a mi valor se reducen)
convocadas de Texcoco
y Oaxaca multitudes   30
de tropas, que los caciques
a mi arbitrio las conducen;
mueran pues estos tiranos,
y cuantos indios se incluyen
en su ley falsa, negando
a nuestros dioses perfumes;
de la sangre de cristianos,
calles y plazas se inunden,
y porque a nadie le duela,
con piadosas inquietudes,   40
verter su sangre en aquellos
parientes cristianos, yunques,
yo daré ejemplo segando
aqueste tlasole inútil
de mi hijo, que aborrezco,
porque sigue sus costumbres.
Para esto, con tal sigilo,
a aqueste sitio os conduje.
El día cuarto, que ellos llaman
jueves, dicen que se cumplen   50
edades en que su Dios,
embozado en las vislumbres
de pan, se quedó con ellos
en cuerpo y alma, a que acuden
a sacarle en procesión,
con aparentes virtudes.
Pues entonces que estarán
desarmados, atribulen
su quietud las algazaras
de tan varias muchedumbres,   60

y embistiendo a un mismo tiempo
por todas partes, no dude
vuestra consideración
que la novedad los turbe,
de suerte que defenderse
no puedan de las segures,
de las macanas y flechas.
Ea, amigos, no os ofusque
el pavor que en vuestros pechos
algún hechizo introduce.					70
Caigan deshechos en polvo
esos templos que construyen
a su Dios, que si él es uno,
no será mucho que triunfen
tantos, como son los nuestros,
si a la venganza se unen.

Iztlizúchil (Aparte.) ¡Válgame Dios!, ¡qué he escuchado!;
				mas disimular procure.

Izcóhualt			Aqueso sí: ea, Iztlizúchil,
				¿en qué piensas, ni discurres?			80
(Aparte.)			(¡Que no puedan penetrar
				mis fuertes solicitudes
				el pensamiento del hombre,
				por más que le conjeture!)
				Di qué te suspende.

Iztlizúchil						El gozo
				del bien ideado numen
				de Axoténcalt, pues con él
				postra, aniquila y consume
				de estos aleves cristianos,

90

las altiveces comunes.

Izcóhualt

¡Ah, buen Iztlizúchil, cómo
ostentas el regio lustre,
que de Texcoco te asiste!

Iztlizúchil

En haciendo lo que ocurre
a mi idea, lo diréis
mejor.

Axoténcalt

Pues no nos le oculte
tu voz.

Iztlizúchil

Eso lo reservo,
a que el tiempo lo articule
con la lengua de la fama,
que es parlera sin embuste.

100

Axoténcalt

Bien tendrá que publicar
con la voz del clarín dulce,
si aquesta facción se logra.

Izcóhualt

Agravio es el que lo dudes,
si nuestro valor lo emprende,
que la facción se ejecute.

Axoténcalt

Voy a dar el primer paso
del rigor, a que me induce
mi deseo.

Izcóhualt

Yo te asisto.

Iztlizúchil   Yo te acompaño.

Axoténcalt   ¡Pues triunfe   110
                      la crueldad!

Izcóhualt   ¡El rigor venza!

Iztlizúchil (Aparte.) ¡Y mi lealtad perpetúe!

Izcóhualt   ¡Mueran los cristianos!

Todos   ¡Mueran!

Izcóhualt   ¡Caigan sus templos!

Todos   ¡Caduquen!

Izcóhualt   ¡Vivan nuestros dioses!

Todos   ¡Vivan!

Izcóhualt   ¿Y su culto?

Los dos   No se oculte.

(Vanse y queda Iztlizúchil.)

Iztlizúchil   Axoténcalt, ignorante,
                      e Izcóhualt, por lo que he visto,
                      están de que adoro a Cristo
                      y sigo su ley constante.   120
                      En gran riesgo considero
                      a Cortés y a los cristianos;

saldrán sus intentos vanos,
pues cristiano verdadero
me confieso; voy a hacer
a Cortés información
de aquesta conjuración,
que él la sabrá deshacer.

(Vase.)

(Salen fray Martín, fray Antonio Ortiz, Mendrugo y Cristóbal. Cortil.)

Fray Martín   ¿Que en riesgo tan evidente
                     fue a ponerse?

Mendrugo   Es travieso;   130
                     por que otro día no haga eso,
                     déle una zurra.

Cristóbal   Obediente,
                     el castigo esperaré.

Mendrugo   Vayan las bragas abajo,
                     que aunque yo tenga el trabajo,
                     a cuestas le tomaré.

Fray Antonio   Aparte, hermano.

Mendrugo   Esa es buena.

Fray Martín   Aunque merece castigo,
                     por su celo le mitigo.

| Mendrugo | Pues que sea una docena, | 140 |
| | solo por materia parva. | |

| Fray Martín | Mire, pues, que se modere. |

Mendrugo	Y si acaso no lo hiciere
	habrá zurribanda en barba,
	pues que quiso reducir
	a su padre (¡qué quimera!);
	para lograrlo, que fuera
	yo con él pudo decir.

Cristóbal	El riesgo quise yo solo,
	porque conozco el exceso	150
	de su condición.

Mendrugo	Pues eso,
	le birlara como bolo,
	si intentara el indio perro
	el atreverse al aprisco,
	por mi padre san Francisco.

| Fray Martín | ¿Hermano, juró? ¡Qué yerro! |

| Mendrugo | No es más que proposición. |

Fray Martín	Sabe que a los religiosos
	en los lances peligrosos
	nos defiende la oración.	160

Mendrugo	Ese es un santo remedio,
	que del buen celo se esfuerza;
	mas por que tenga más fuerza,

padre, hierro de por medio.

Fray Martín   ¿Qué dice, hermano? ¿Ofensivas
armas había de traer?

Mendrugo   Si me quieren ofender,
no son sino defensivas.

Fray Martín   Déjenme solo, que quiero
este rato meditar.   170

Mendrugo   Yo me voy también a orar
con el lego cocinero.

Cristóbal   Écheme su bendición.

Fray Martín   Que Dios te haga un santo.

Cristóbal   Amén.

Mendrugo   Bendígame a mí también.

Fray Martín   Vaya.

Mendrugo   Con la absolución.

(Vanse.)

Fray Martín   Pues me permite este rato
desocupado mi oficio,
entrad en cuentas, Martín,
con vos propio, de vos mismo.   180
Muy apartado te veo,

Martín, de orar; has creído
que porque estás ocupado
en doctrinar cuatro indios
y en bautizar otros cuantos,
y hacer tal cual sermoncillo,
que ya tienes para Dios
disculpa de estar omiso
en la oración; no lo pienses,
que Dios te prestará brío   190
y esfuerzo; ¿acaso imaginas
que ya tienes merecido,
en premio de tu trabajo,
el cielo? Tal no imagino,
no discurro tal, mi Dios,
que si tuviera el castigo
conforme son mis pecados,
el infierno fuera pío
castigo de mis maldades;
mas por el mérito fío   200
de Jesús ser perdonado,
y por lograrlo, rendido
(Híncase.)   y humillado, entre la nada
de que fui formado, digo
mi culpa.

(Sale el Demonio.)

Demonio   No has de rezar.

Fray Martín   Dulcísimo Jesús mío.

Demonio   Ah, pese al infierno, padre.

Fray Martín   Deo gratias; ¿qué le ha movido
                 a entrar aquí?

Demonio   Para un caso
                 en que hablarle necesito.   210

Fray Martín
(Aparte.)   (¡Válgame Dios! ¡Que este rato
                 aun no me dejen de alivio
                 para estar con Dios!) Pues diga,
                 si es que a mí ha de ser preciso
                 comunicarme ese caso.
(Aparte.)   (Perdonadme, Señor mío,
                 pues a aquesta obligación,
                 a que por vos me dedico,
                 se antepone a lo devoto
                 la obligación del oficio.)   220
                 Diga pues, hermano, qué es.

Demonio   Primero, padre, registro
                 si hay alguien que nos escuche,
                 por evitar mi peligro.

Fray Martín   Solos estamos, no tema.

Demonio (Aparte.) (¡Vaya el infierno conmigo!
                 Con la tentación más fuerte,
                 perturbarle determino.)
                 Pues yo, padre, desde el punto
                 que le vi, le estimo fino   230
                 (por no sé qué simpatía),
                 tanto, que yo solicito
                 todo su bien, y así quiero

comunicarle un sigilo
con que alivie su pobreza
y quede en extremo rico.
Ya sabe las diligencias
que se han hecho, y precedido,
por descubrir el tesoro
de Moctezuma, escondido,   240
que es tan grande, que hacer puede,
al que le hallare, más rico
que todos los reyes juntos
del mundo; pues yo le estimo
tanto, que quiero que él sea
quien le posea, que aspiro
a su bien; yo soy Izcóhualt;
de Moctezuma el valido,
que fue de quien se valió
(que en la magia soy prodigio)   250
para encantarle, y así,
el secreto determino
decirle, para que pueda
desencantarle improviso;
no logren aquestos lobos,
que hambrientos de plata miro,
tal tesoro, si no es vos,
que tan apartado he visto
de la codicia; lograd
vos el tesoro escondido,   260
sin solicitarlo ansioso,
que a entregárosle me obligo.

Fray Martín   ¡Válgame Dios!, ¿qué he escuchado?
¡Aquello que han pretendido
con tanto anhelo y cuidado

Cortés y los suyos, vino
a mi arbitrio, por tan raro
acaso!

Demonio (Aparte.) Ya pensativo
batalla con su discurso;
ahora, infierno, te conspiro   270
a perturbar su virtud.

Fray Martín   Mas, ¿qué pienso, qué imagino?

Demonio (Aparte.) Ya se resuelve. ¡Victoria!
Vencisteis, engaños míos.

Fray Martín   No te he respondido luego,
por resolver discursivo
lo que te he de responder;
y así, Izcóhualt, solo digo
que cuando busqué sagrado
en el seráfico aprisco,   280
fue por renunciar los bienes,
que llaman allá en el siglo
a las riquezas caducas,
siendo reluciente vidrio
que deshace su brillar
al golpe que es más remiso.
Si yo intentara abundar
en vanos bienes impíos,
no hubiera elegido este
sayal tosco por aliño,   290
ni eligiera la pobreza
por tesoro más subido,
por recreo la clausura,

la obediencia por alivio,
la quietud por libertad,
y la humildad por lo altivo
de la vanidad mundana,
durante como el florido
almendro, que ayer estaba
de flores, rico, vestido,   300
y al primer cierzo, hoy le vemos
desnudo, pobre y marchito;
y para prueba más clara
de lo que son los lucidos
adornos más celebrados,
lo publican ellos mismos,
pues el que más adornado
vemos, anda desabrido
todo el día, con aquella
pesadumbre del prolijo   310
lucimiento, deseando
la noche para el alivio
de carga que es tan pesada,
y hostigado del impío
adorno que ha procurado,
le arroja con desaliño
en los brazos de una silla
con desprecio, inadvertido
de la causa, pues luciendo
el cuerpo, se ha deslucido   320
el espíritu y él es
el que le arroja oprimido,
sacudiendo la opresión
en que el cuerpo le ha metido;
y así, amigo, ese tesoro
que me ofreces por cariño

dásele a quien aborrezcas
si quieres su precipicio,
que no quiero más riqueza
que esta mortaja en que vivo,   330
porque sé que ha de servirme,
en las tormentas del siglo,
de tabla para librarme
de su golfo embravecido,
en la vida para adorno
y en la muerte para asilo.

Demonio (Aparte.) (Reniego de mis astucias
que en mérito han convertido
sus asechanzas.) Pues, padre,
así desprecias omiso   340
lo que tantos desearan.

Fray Martín   Descubridle a ésos, amigo,
lo que desean, que yo
su valor no necesito;
y pues que en resolución
os tengo ya respondido,
idos, y dejadme a solas,
porque buscar determino
otro tesoro mayor
que el que me habéis prometido.   350

Demonio (Aparte.) Ah, pesia mí, ya me voy
desesperado y corrido;
mas no has de lograr rezar,
que Axoténcalt ha venido
con depravada intención

para llevarse a su hijo.

(Vase.)

Fray Martín   Pues ya se fue, volver quiero
                     a la oración.

(Sale Mendrugo.)

Mendrugo   Padre mío,
                     Axoténcalt quiere hablarle.

Fray Martín   Válgame Dios: ¿no le he dicho   360
                     que estando en oración
                     me excuse?

Mendrugo   Yo había creído
                     el que hubiese ya acabado.

Fray Martín   ¿Cómo acabar, pues no vido
                     a aquél que me entró a buscar?

Mendrugo   Yo, padre, a ninguno he visto,
                     y hasta ahora he estado en la puerta.

Fray Martín   ¿Qué dice?

Mendrugo   Lo que le digo.

Fray Martín
(Aparte.)   (¡Oh, qué astuto anda el demonio
                     por perturbar mis sentidos!)   370

Dígale que entre a Axoténcalt.

Mendrugo   No se fíe de este indio,
porque tiene mala cara,
y sus hechos imagino
por ella.

Fray Martín   Dígale que entre,
que Dios me ampara benigno.

Mendrugo   Sí, pero por lo que truene,
no es malo estar prevenido;
meta este cuchillo, padre,
(Saca un cuchillo.) en la manga, que yo atisbo   380
desde la puerta con éste.

(Saca otro.)

Fray Martín   ¿Cómo está tan distraído
con armas?

Mendrugo   Es privilegio.

Fray Martín   ¿Pues de dónde le ha venido?

Mendrugo   Es, padre, que en mi convento
soy señor de horca y cuchillo.

Fray Martín   Quite esas armas, hermano,
que para mí fuera alivio
morir a manos de infieles
por la fe que adoro y sigo.   390

Mendrugo   Yo también, mas no les fuera
                muy barato mi martirio,
                porque muriera matando,
                como el doctor que en su oficio
                muere.

(Sale Axoténcalt.)

Axoténcalt   Viendo que tardaba
                el hermano que ha venido
                a llevarme la licencia
                para entrar, por si no ha dicho
                que era yo el que estaba fuera,
                he entrado para decirlo.   400

Fray Martín   Perdonad, señor, que estaba
                ocupado.

Axoténcalt   Ya imagino
                que era grande ocupación,
                pues me tuvo detenido.

Mendrugo   Ve, padre, si digo bien,
                por mi padre san Francisco.

Fray Martín   ¿Qué hace, hermano?

Mendrugo   Nada, padre;
                envainar este cuchillo.

Fray Martín   Está loco, salga fuera.

Mendrugo   Obedezco.

(Aparte.)   (Aquí escondido   410
                 he de estar, por lo que hubiere
                 y si se pasa.)

Fray Martín   ¿No he dicho
                 que nos deje?

Mendrugo   Ya me voy,
                 benedícite.

(Vase.)

Axoténcalt   He venido
                 a decir que dé licencia
                 a Cristóbal, que conmigo
                 lo lleve, que tengo en casa
                 un festejo prevenido
                 a unos deudos que han llegado
                 y quiero que sea cumplido,   420
                 asistiendo en él Cristóbal.

Fray Martín   No puedo, siendo vuestro hijo,
                 estorbarlo, y os prometo
                 que mío lo ha parecido
                 por el amor que le tengo.
                 En buena hora, mas os pido
                 que le miréis con piedad.

Axoténcalt   ¿Por qué lo decís?

Fray Martín   Lo digo
                 por si acaso, violentado
                 de su celo, ha pretendido   430

declararos fervoroso,
por vuestro bien, lo propicio.

Axoténcalt   No tenéis que interceder
por él, que si acaso esquivo
le pretendí castigar,
es en fin mi hijo querido,
y nadie le ha de mirar
con más amor ni cariño
que yo.

Fray Martín   Así lo discurro.

Axoténcalt (Aparte.) Miren, si el infame ha dicho   440
lo que pasó; mas yo haré,
logrando mi cruel designio,
que no venga con las nuevas
de mi severo castigo.

Mendrugo   ¡Qué mal hace nuestro padre
en dar licencia al chiquito
vaya con aqueste Herodes!

Axoténcalt   Pues, adiós, padre.

Fray Martín   A él le pido
que os alumbre en las tinieblas
que vivís.

Axoténcalt   Yo no he venido   450
a eso ahora.

Fray Martín   Ya lo veo,

que eso fuera vuestro alivio
venir a buscar.

Axoténcalt   Adiós.

(Vase.)

Fray Martín   Cada día más precito
está este hombre.

(Vase.)

Mendrugo   Voy a ver
de aquesta a Cristobalito,
que ha de haber sobrellevar
lo que Dios fuere servido.

(Vase.)

(Salen Cortés, Martín y Alonso. Sala.)

Cortés   ¡Que aqueste rey de Texcoco
en restituir no convenga   460
el reino al grande Iztlizúchil!

Martín   ¿Por qué pedís lo que a fuerza
podéis hacer que lo haga?

Cortés   No quisiera de violencia
usar, porque me lastiman
los estragos de la guerra,
y por eso he procurado
con el halago que vuelva

a restituïrle el reino,
pues además de que es deuda,   470
porque de mí se ha valido,
por la lealtad que en sí encierra
y el afecto a nuestra fe,
el procurarlo debiera.

Alonso   Señor, vive Jesucristo,
que no han de hacer cosa buena
llevados por bien, y así
vamos rompiendo cabezas,
que ha días que no hace cosa
aquesta espada, y revienta   480
en la vaina de coraje.

Cortés   Pues que se arme de paciencia;
insigne Alonso de Estrada,
creed que si yo pudiera
sin verter gota de sangre
dar a mi rey, y a la Iglesia,
a la Iglesia tantas almas,
y a mi rey tan rica tierra,
y en ella tantos vasallos,
no dudéis en que lo hiciera.   490

Alonso   Yo también, que gloria a Dios
soy cristiano, y muy de veras,
y vasallo muy leal;
mas siempre grandes empresas
más bien las logran las armas
que las discurren las letras:
y si no di, gran Cortés,
¿qué conseguido se hubiera

en tan heroica conquista
con buenas razones?

Cortés   Deja   500
eso, porque Iztlizúchil
viene entrando, y aunque sea
tan apasionado nuestro,
en fin es de aquesta tierra,
y es imprudencia el hablar
de la patria en la presencia
del patricio, si no es para
loarla y engrandecerla.

(Sale Iztlizúchil.)

Iztlizúchil   Grande capitán, escucha
lo que mi lealtad revela   510
a tu oído, porque pongas
el remedio que convenga
con prontitud, porque corre
con aceleradas huellas
un evidente peligro
a los hijos de la Iglesia,
movido de la maldad
de ese soberbio Axoténcalt;
convocando de Texcoco
y Oaxaca, con cautela,   520
a los caciques, que están
amparados en las tersas
aguas de aquella laguna,
con las tropas en inmensas
canoas, que los esconden
de la vista, en las diversas

acequias, o calas que hay
ocultas entre las hierbas
y tulares, que les sirven
de jacales y viviendas						530
hasta el día del Señor,
que le eligen para esta
crueldad, por considerar
vuestras tropas indefensas,
desarmadas y empleadas
en más singular empresa.

Cortés			¿Qué dices, noble Iztlizúchil?

Iztlizúchil			Que al instante te resuelvas
a dar las disposiciones
que en tal trance más convengan.			540

Alonso			Miren si yo dije bien;
vamos con las manos puestas
a pedirles que no lo hagan,
que es famosa diligencia.

Cortés			Alonso, los bergantines
que en México se reservan
para estos casos, se apresten;
y las canoas que quedan
de los indios ya cristianos,
de flecheros se guarnezcan;			550
por cabo de las canoas,
vaya la invencible diestra
de Iztlizúchil; vos, Martín
de Calahorra, por la tierra,
con cien hombres estorbad

que de ella ampararse puedan,
que en los bergantines, yo
y Estrada y lo más que resta
de españoles, les haremos
que vayan a dar las nuevas   560
al diablo, de sus victorias,
rociándolos de gragea
con los pedreros.

Martín   Mas antes,
vámosle a dar a Axoténcalt
las gracias de la merced
que hacernos quiere.

Alonso   Eso es fuerza.

Cortés   Primero es el derrotarlos,
pues está ignorante de esta
novedad.

Iztlizúchil   El bien seguro
de mi fe se considera.   570

Alonso   ¿No será mejor que vaya
yo entretanto con llaneza
a darle las gracias?

Cortés   No,
Estrada; ¡valga la flema!,
que tiempo os ha de sobrar.

Alonso   Mas me falta la paciencia;
ya me hormiguean los pies

de pensar en la cadencia
de esta danza.

Martín   Pues, amigo,
todos entramos en ella.   580

(Vanse.)

(Sale Izcóhualt, Demonio. Jardín.)

Izcóhualt   Ya mis astucias se logran,
pues Axoténcalt airado,
provocado de mi saña,
a Cristóbal apartando
del comercio de la casa,
a este jardín viene entrando
con él, a donde pretende
que dé adoración postrado
a sus dioses, o si no
en una hoguera irritado   590
abrasarlo, mas no temo
que logre el eterno lauro
del martirio, que aunque ya
la ley cierta ha profesado,
es muy niño, y el temor
del castigo, o del osado
volcán, le ha de hacer que dé
adoración a sus falsos
dioses; ya llega; invisible
quiero incitarle al amago.   600

(Salen Axoténcalt, Cristóbal y dos indios.)

Axoténcalt   ¿Ya está todo prevenido?

Indio 1   Sí, señor.

Axoténcalt   Pues retiraos
de este sitio hasta que os llame.

Indios   Tus órdenes esperamos.

(Vanse.)

Cristóbal   ¿A qué me traes, señor,
a este huerto retirado?,
¿y qué prevención es ésta
que preguntas, si es que acaso
está dispuesta?

Axoténcalt   Esto es,
hijo vil, indio malvado,   610
castigarte la osadía
de haber, sacrílego, ajado
los ídolos de los dioses.

Mihuazóchil (Al paño.)   Inquieta con el
        cuidado
de que a Cristóbal su padre
a este jardín ha sacado,
temiendo de su crueldad
algún exceso, he llegado;
mas aquí están, yo me oculto.

Cristóbal   Aquello lo hice deseando   620
vuestro bien, porque no dieseis

adoración, poco sabio,
a unas estatuas mentidas.

Axoténcalt   Calla, perro, cierra el labio.

Cristóbal   Padre mío.

Axoténcalt   ¿Yo tu padre?,
mientes, mientes, que irritado
enemigo tuyo soy.

Mihuazóchil   ¡Qué mal hace este muchacho
en provocar a este fiero!

Axoténcalt   Por los dioses soberanos,   630
que si aquí no los confiesas
por dioses, abandonando
a aquese Dios que tú adoras,
que has de morir a mis manos.

Cristóbal   ¿Qué dices, señor? ¿No sabes
que aquellos que profesamos
la ley de Cristo debemos,
sin que puedan desquiciarnos
de ella un punto, dar la vida
antes que dejarla flacos?   640

Izcóhualt (Al oído.) ¿Esto sufres?

Axoténcalt   ¡Ah, hijo infame!

(Tíralo.)

Mihuazóchil   Válgate Dios.

Cristóbal   Padre amado,
                          ¿por qué me arrojas así?

Izcóhualt   Dale, dale.

Axoténcalt   Por cristiano,
                          y sacrílego a mis dioses.

(Dale.)

Cristóbal   Señor, dadme vuestro amparo.

Izcóhualt
(Al muchacho.)   Excusa el castigo, y da
                          adoración a sus santos
                          dioses.

Cristóbal   Jesús, dame fuerzas
                          en lance tan apretado   650
                          para estar firme en la fe.

Izcóhualt   ¡Ah, pese al infierno!

Axoténcalt   Cuando
                          te castigo, llamas a ese
                          que adoras crucificado.
                          ¡Pues viven los altos dioses
                          que has de llamarle por algo!

(Dale.)

Izcóhualt   Dale más.

Mihuazóchil   Aunque me mate,
he de salir a estorbarlo.

Axoténcalt   Toma, infame.

(Dale.)

Cristóbal   ¡Dios, valedme!

(Sale Mihuazóchil.)

Mihuazóchil   Quiebra en mí tu furia osado,   660
y no mates a mi hijo.

Axoténcalt   Mujer, ¿cómo aquí has entrado?

Mihuazóchil   Guïada del corazón,
que me anunciaba este caso.

Izcóhualt   No mires nada, prosigue.

Axoténcalt   Aparta, o te haré pedazos.

Mihuazóchil   Como dejes a mi hijo,
no importa.

Cristóbal   Madre, apartaos,
no me estorbéis tanto bien
de padecer resignado   670
por mi Dios.

Axoténcalt   Quita, mujer.

Mihuazóchil   Dame muerte, que es en vano.

Izcóhualt   ¡Que tu mujer se te oponga
                         con arrojo temerario
                         a tu gusto!

Axoténcalt   ¿Tú me estorbas?

Mihuazóchil   Es tu hijo.

Axoténcalt   Es mi enemigo.

Mihuazóchil   Le diste el ser.

Axoténcalt   Es engaño,
                         que no pude dar el ser
                         al que mi ser ha olvidado.

Cristóbal   Solo el ser debo a Jesús,   680
                         pues por hijo me declaro
                         de la Iglesia, que es su esposa.

Izcóhualt   ¿Tal consientes?

Axoténcalt   ¡Hola, criados!

(Salen los indios.)

Indios   Señor, ¿qué nos mandas?

Axoténcalt   Viles,

¿cómo entrar habéis dejado
a esta mujer?

Indio 1   No la vimos.

Axoténcalt   Apartadla.

Mihuazóchil   (Agárrase del hijo.)
                  Antes, pedazos
me habéis de hacer, que apartarme
de mi hijo.

Axoténcalt   Destrozadlo
si no le deja.

Indio 1   Señora...   690

Axoténcalt   ¡Qué señora, indios villanos,
no es sino traidora infame!,
arrastradla.

Indios   Perdonadnos,
señora, aquesta violencia.

Axoténcalt   Tirad de ella.

Mihuazóchil   Hijo adorado.

Cristóbal   Madre mía, Jesús viva.

Izcóhualt   Válgame el infierno.

Indios   Vamos.

Axoténcalt   ¿Qué aguardáis, canalla vil?

Indios   Vamos, señora.

Mihuazóchil   Aguardaos,
dejadme abrazar a mi hijo.   700

Axoténcalt   Sacadla, pues, arrastrando,
y encerradla en esa cerca.

Indio 2   Resistiros es en vano.

Mihuazóchil   Cielos, mirad por Cristóbal,
pues yo no puedo estorbarlo.

(Llévanla.)

Axoténcalt   Ahora veremos, infame,
quién te libra del tirano
voraz fuego que te espera,
si no confiesas, postrado,
a mis dioses por supremos.   710

Cristóbal   Si me dieras todos cuantos
tormentos puede dictarte
de tu crueldad lo tirano,
no hiciera tal.

Izcóhualt   Mucho temo,
de su fervor esforzado,

que ha de morir por su ley.

Axoténcalt   Pues eres tan arrojado,
veamos si te atemoriza
su horror. ¿No habéis acabado?
¡Hola!

(Salen los indios.)

Indios   Señor.

Axoténcalt   Descubrid   720
ese horroroso teatro;
a ver si teme su incendio.

(Descúbrese una hoguera, lo más propio que se pueda imi-
tar.)

Indio 2   Ya lo está.

Axoténcalt   Ahora veamos
si blasonas de tu esfuerzo.

Izcóhualt   Teme su horror.

Cristóbal   ¡Cielo santo!

Axoténcalt   ¿Qué resuelves?

Izcóhualt   Obedece...

Axoténcalt   Das adoración...

Izcóhualt   Postrado...

Axoténcalt   A mis dioses...

Izcóhualt   A tu padre...

Axoténcalt   O en el fuego...

Izcóhualt   [O] abrasado...

Axoténcalt   Te he de echar.

Izcóhualt   Has de morir.   730

Axoténcalt   ¿Qué resuelves?

Izcóhualt   Teme el daño.

Cristóbal   ¿Qué he de resolver, señor,
                    sino admitir con agrado
                    la corona que me ofreces?;
                    mas quisiera, pues la alcanzo,
                    que tú no incurrieras, padre,
                    en hecho tan inhumano;
                    el mayor bien darme quieres
                    que ningún padre le ha dado
                    jamás a hijo; mas siento   740
                    el castigo destinado
                    de mi Dios que te amenaza;
                    evita, al ver el amago,
                    el golpe, con conocerle
                    por hacedor soberano;
                    renuncia a aquesos mentidos

dioses, que das holocaustos;
confiesa a Cristo por Dios;
y más que yo sea estrago
del incendio, una y mil veces,   750
mas no sea por tu mano;
venga el martirio en buen hora,
que desde luego consagro
mi vida, por la fe santa;
mas no incurras obstinado
tú en tal culpa, que a faltar
quien me arrojara irritado
en la hoguera, yo me fuera
a ella misma voluntario,
por no negar a Jesús,   760
que es Dios, y hombre increado.
Viva Jesús, y abomina
esos asquerosos trasgos
de esos ídolos inmundos.

Axoténcalt   Calla, infame, cierra el labio,
no ultrajes a sus deidades.

Izcóhualt (Aparte.) (Maldito sea el limitado
poder mío, pues no puedo
de tan gran bien apartarlo,
pero templaré a Axoténcalt,   770
porque no consiga el lauro.)
Mira que es tu hijo querido,
y en tu casa el mayorazgo;
ten piedad.

Axoténcalt   Aunque persuada
a mi piedad el halago

de primogénito hijo,
no ha de bastar a evitarlo;
y para más sacrificio
que a mis dioses les consagro,
yo propio te he de arrojar.   780

(Échalo.)

Izcóhualt   Detente, hombre
(Aparte.)   (¡Que estorbarlo
no pueda, pesia mi furia!)

Cristóbal   Valedme, Jesús amado;
padre mío, fray Martín,
socorredme en este caso;
y vos, patrïarca mío,
Francisco, que en los espacios
empíreos estáis la esencia
de Dios sumo contemplando,
pues tanto alcanzáis con él   790
pedidle que me dé amparo,
pues soy de vuestro redil
cordero catequizado
y acogido a vuestro aprisco.
Favor, padre, que me abraso,
y es débil mi resistencia
para trance tan amargo.

(Bajan dos ángeles, quedándose en el aire, sobre el niño, con
palma y corona.)

Dúo   Al triunfo feliz,
volad y venid;

al glorioso afán,   800
descended, volad;
escuadras celestes que el cielo habitáis,
volad, venid, llegad.

Izcóhualt   ¡Ah, pesia todo el infierno!

Axoténcalt   ¿Qué dulce rumor sonoro
me atemoriza y recrea?

Cristóbal   Ya descubro aquel tesoro
que mi maestro me dijo.
Y al verle, más fuerza cobro
para sufrir el martirio,   810
contento, alegre y gozoso:
vengan más penas, Dios mío,
que para tal bien es poco
lo que padezco.

Axoténcalt   Avivad
aquese incendio, vosotros.

Cristóbal   Avivadle, y aumentad
materia de leña, prontos,
porque me lleven aprisa
estos mancebos hermosos
a la celeste morada.   820

Indio 1   El incendio está horroroso;
prodigio es que esté con vida.

Izcóhualt   ¡Oh, reniego de mí propio!

Cristóbal   Ya parece que el aliento
me va faltando; dichoso
el instante que aprendí
la ley que sigo y conozco,
pues que consigo por ella,
muriendo por Cristo, ansioso,
el gozar de eterna vida.   830
Francisco, Martín, ya logro
la corona del martirio;
pues yo muero, Dios piadoso,
en vuestras manos divinas
aqueste espíritu pongo.

(Muere.)

Los ángeles a dúo   Suba, suba a la esfera;
ocupe el solio,
que quien da a Dios la vida,
vive glorioso.

(Van subiendo con el alma.)

Indios   Ya murió.

Axoténcalt   Cubridle luego,   840
no le vean más mi ojos;
(Cúbrenlo.)   mas ¡ay de mí, qué temor,
qué miedo, pavor, o asombro
se me introduce en el pecho!
Detente, Cortés famoso,
no me mates, no me sigas,
que ya tu valor conozco.
Yo no he dado... yo no he sido

el verdugo, el fiero asombro
que ha dado muerte a su hijo.   850

Izcóhualt   ¿Qué es aquesto?
(Aparte.)   (Ya es forzoso
que me vea, para darle
el consejo más dañoso
contra su vida, que así
les pago a los ciegos locos
que me obedecen.) ¿Qué es esto?

Axoténcalt   Amigo Izcóhualt, yo propio
he dado a Cristóbal muerte
en ese incendio, y conozco
el grande riesgo en que estoy,   860
pues Cortés...

Izcóhualt   ¿Qué te da asombro?
¿No están tus confederados
cubiertos de los fragosos
tulares de la laguna
de Texcoco? Ponte en cobro
con ellos.

Axoténcalt   Bien me aconsejas.

Izcóhualt (Aparte.) Para tu ruina, y mi logro.

Axoténcalt   Pues por esta puerta falsa
en ejecución lo pongo;
mas parece que me sigue   870
ese Cortés, ese asombro

de valor.

Izcóhualt   Es aprensión.

Axoténcalt   Acompañadme vosotros.

Izcóhualt   Y yo también; no te pares.

Axoténcalt   Con tu amparo me recobro.

Izcóhualt (Aparte.) ¿Cuándo para el precipicio
                          no ha acompañado el demonio?

(Vanse ambos.)

(Salen fray Martín y fray Antonio. Cortil.)

Fray Antonio   Aquí, padre mío, vino
                          Mihuazóchil, que cubierta
                          de tierno llanto y ahogada   880
                          entre sollozos, apenas
                          podía pronunciar palabra.

Fray Martín   A decir la más tremenda
                          crueldad que ejecutó padre,
                          y la atrocidad más fiera
                          que ninguno cometió,
                          que ese bárbaro Axoténcalt
                          a Cristóbal (¡grande dicha!),
                          en una dichosa hoguera
                          (pues acrisoló feliz   890
                          su constancia y su fineza,
                          acendrando su valor

de tal suerte que por ellas
le dieron el mejor reino)
le quemó, encerrándola a ella,
porque no se lo estorbase,
del jardín en una cerca,
de donde vio su crueldad
por una rotura abierta
de las tapias, y después   900
por otra parte se echa
al campo, de adonde vino
a darme la feliz nueva;
y sabiendo que Cortés
y los suyos van a esa
destrucción de los traidores
a Texcoco, con resuelta
determinación, se puso
en camino a darle cuenta,
para pedirle justicia.   910

Fray Antonio   ¡Qué dolor!

Fray Martín   ¡Qué se lamenta!
Envidiemos su fortuna;
ojalá la consiguiera
yo.

Fray Antonio   No hay duda, mi padre;
mas la lástima me aqueja
del tierno cuerpo, que al alma
le envidio la dicha inmensa.

Fray Martín   ¿Y vio salir al hermano

Mendrugo?

Fray Antonio   Desde la puerta
le vi salir con Cortés.   920

Fray Martín   Él me pidió que le diera
permiso; por conocer
que tiene mucha experiencia
en la mar, y es artillero,
y como es tan justa empresa,
se lo concedí.

Fray Antonio   Es gallardo;
y más el celo le esfuerza
de católico, al hermano
Mendrugo.

Fray Martín   Dios los defienda,
porque su nombre se ensalce   930
como en el cielo, en la tierra.
Déjeme, padre, este rato
pedir a Dios que en aquesta
batalla use de piedad
con los suyos.

Fray Antonio   Dios le atienda.

(Vase.)

Fray Martín   Ahora, Señor soberano,
mi miseria ante vos llega

a rogaros que miréis

(Híncase en la elevación.)

>   por los hijos de tu Iglesia;
>   no miréis, Señor divino,   940
>   el hombre indigno que os ruega,
>   que yo os pido como hombre,
>   y vos, como Dios, es fuerza,
>   a quien de veras os llama,
>   que le socorráis de veras;
>   ¡oh, quién pudiera, Señor,
>   en esta justa contienda,
>   en aquesta guerra santa
>   (pues por vuestra fe pelean)
>   perder la vida!; mas pues   950
>   a mi estado se reserva,
>   batalle con la oración,
>   y con fervor digo:

Voz   ¡Guerra!

(Va subiendo la elevación a un lado y se descubrirá todo el
fondo del teatro, imitando la laguna, todo agua el suelo, los
bastidores imitando las orillas cubiertas de tulares y cañas,
al fondo horizonte, y en disminución varias canoas y barcos,
todos moviéndose: los de atrás más altos, porque se vean, y
en unas canoas los indios, y en barcos y en otras los españoles; y Mendrugo con una mecha que pegará fuego a las piezas
imitadas.)

Indio 1   Valientes americanos,

mueran los cristianos.

Indio 2   ¡Mueran!

Cortés   Españoles valerosos,
                       por nuestro rey y la Iglesia
                       peleamos.

Todos   ¡Santiago!

Fray Martín   Mas la batalla sangrienta
                       patentemente diviso;   960
                       Señor, los tuyos alienta.

Mendrugo
(Disparando.)   Allá va esa peladilla;
                       no hay que bajar las cabezas.

Alonso   Aborda, aborda, remeros,
                       porque yo retozar pueda.

Indios   Abrasadlos con el fuego
                       de pez y alquitrán, si llegan.

Cortés   No abordes, gran Calahorra.

Alonso   ¡Cómo que no!, rema, rema.

Mendrugo   ¡Ah, perros! ¡Viva Jesús!,   970
                       vaya en su nombre esa almendra.

(Como que zozobra una canoa de los indios, dicen.)

Indio 1   ¡Oh!, vil totache, ¿qué tiras?

Mendrugo   Son confites de mi tierra.

Indio 2   Que me anego, que me ahogo.

Mendrugo   Socórraos esa camuesa.

(La canoa, o barco, de Estrada arde con el fuego que echarán
las de los indios, que prenderá en estopas que llevará pegadas
y pez que echarán de dentro, y los españoles se pasarán a las
de los indios, con los versos.)

Español   ¡Que me abraso, que me quemo!

Cortés   Llega a socorrerlos, llega.

Estrada   Pues se quema mi canoa,
                   me habrá de servir la vuestra.

(Van entrando.)

Fray Martín   Socorredlos vos, Señor.   980

Español   Salta a bordo, entra, entra.

Estrada   Arrojadlos en el fuego.

(Echan a los indios adonde se queman.)

Indios   Piedad, clemencia, clemencia.

Estrada   Pues que se quema la casa,

calentémonos en ella.

Mendrugo   Viva la fe de Dios, perros.

(Baja el Demonio, en un dragón, echando fuego por la boca.)

Demonio   Pára aquí, disforme bestia;
                    ahora es tiempo que mi rabia
                    en estos cristianos sea
                    quien los abrase y los turbe,   990
                    y así, triforme fiereza,
                    un mongibelo desata
                    del fuego que dentro encierras,
                    que los queme, y el espacio
                    se trabe de oscuras nieblas,
                    y para más confusión,
                    caliginosos cometas
                    de rayos los aniquilen:
                    espíritus, a la empresa.

(Truenos y rayos, y se encienden las embarcaciones de los
españoles.)

Español   ¿Dónde huyó la luz del Sol?   1000

Cortés   Más que impensada tormenta.

Estrada   ¡Qué horrorosa tempestad!

Español   Piedad, Señor, que nos queman.

Demonio   Ardan en voraces llamas

que del infierno se sueltan.

Mendrugo   Cortés, Cortés, que me abraso.

Fray Martín   ¿Quién este incendio fomenta?
                  Sin duda que es el demonio.
                  Vuestro favor los defienda,
                  Dios y Señor.

Español   ¡Que me abraso!   1010

Cortés   Señor, vuestra causa es ésta;
                  Santiago, patrón de España
                  y defensor de la excelsa
                  honra de Dios, amparadnos.

(Baja Santiago a caballo y queda en el aire haciendo tornos
sobre las canoas.)

                  Soldados, no desfallezca
                  vuestro valor; implorad
                  que venga en vuestra defensa
                  nuestro Patrón.

Español   ¡Santïago!

Santiago   Ya os asisto: ¡guerra!, ¡guerra!

(Apágase el fuego y cesa la tempestad.)

Demonio   Ocúltenme las entrañas   1020
                  del abismo; vuela, vuela,
                  vestiglo horrendo, y esconde

mi espíritu en las cavernas.

(Vuela.)

Mendrugo   ¡Voto a Cristo!, que es Santiago
                    el que veo; ¡a ellos! ¡Mueran!

Indio 1   Huyamos, que en su favor
                    desata un rayo la esfera.

Alonso   Que se escapan, caza.

Español   Caza.

Mendrugo   ¡Ah, perros, allá va ésa!

Español   ¡Victoria a España, victoria!   1030
                    ¡Viva Jesús y su Iglesia!

(Cúbrese todo, y baja el santo.)

Fray Martín   Ya destrozados y rotos,
                    a ampararse de la tierra,
                    en desordenada fuga,
                    unos con otros tropiezan,
                    y saltando en sus canoas
                    los españoles, se echan
                    al agua, huyendo el furor
                    que crüel los atropella,
                    y por huir de una muerte   1040
                    dan con otra más horrenda,
                    pues al desahogar el riesgo
                    ahoga la diligencia.

Ya los que escapan con vida
del agua dan en la tierra
con Calahorra y su escuadrón,
que los destrozan; inmensa
piedad de Dios, no más sangre,
que ya rendidos se muestran.

(Vase. Sale Axoténcalt. Bosque.)

Axoténcalt   ¿Dónde podré ocultarme del amago, 1050
                    que me amenaza con fatal estrago?
                    ¡Que huyendo del castigo merecido
                    al furor de Cortés me haya venido!...
                    Ya deshechos y heridos, mis parciales
                    lloran su estrago en términos fatales;
                    y yo vivo quedé, por más quebranto,
                    para más fiera muerte en vivo espanto;
                    que por huir de pavor, que es tan horrible,
                    me ocultara en la muerte más terrible.

Español (Dentro.) Por aquí van.

Axoténcalt   Ya llegan; miedos viles,   1060
                    dejad obrar mis manos varoniles;
                    pero me atemorizan sus alardes;
                    ¡que siempre los crüeles sean cobardes!...

(Salen Cortés y los españoles.)

Fray Martín   Ya castigado el intento,
                    los que de las aguas frías
                    escaparon, en mis manos
                    hicieron fiel pleitesía

de no volver a intentarlo,
si les costase la vida.

Cortés   Demos al cielo las gracias,   1070
que él solo darnos podía
tal victoria; ¿pero quién
es éste que todavía
vivo ha quedado?, ¿qué veo?,
¿no es Axoténcalt?

Estrada   ¡Qué linda!
Él es, señor.

Cortés   ¿Quién aquí
te trujo a ser de mis iras
despojo vil?

Axoténcalt   Mi delito.

(Sale Mendrugo, arremangándose los hábitos, el brazo en-
sangrentado, riñendo con los indios.)

Mendrugo   ¡Ah, perros! ¡La Iglesia viva!

Indios   Totache Mendrugo, basta;   1080
piedad.

Mendrugo   Nadie me la pida,
que estoy hecho una ponzoña.

Cortés   Hermano, temple la ira;
pues ríndense.

Alonso   Es un Alcides.

Martín   Las manos saca teñidas
                          de sangre.

Mendrugo   Es que pretendo
                          fabricar unas morcillas
                          para que cene el demonio.
                          ¿No es Axoténcalt? Albricias,
                          ¿qué cayó en la trampa usted?   1090

(Sale Mihuazóchil.)

Mihuazóchil   Gran capitán, la afligida
                          Mihuazóchil a tus pies
                          viene a pedirte justicia.

Cortés   Asegurad a Axoténcalt;
                          en mí la encontrarás fija.

Axoténcalt   ¿Mihuazóchil aquí? Ya
                          llegó el término a mi vida.

Mihuazóchil   Contra ese bruto sediento
                          que en su propia sangre alivia
                          su rabiosa sed, te pido   1100
                          que se ostente la justicia.

Cortés   ¿En su sangre? Dime cómo,
                          que el discurso no lo atina.

Mihuazóchil   No te espantes, gran Cortés,
                          que el discurso no perciba

tal error; porque hay crueldades
tan fieras, tan exquisitas,
que a lo inmenso del discurso
la imaginación limitan,
pues al pisar sus umbrales   1110
la aprensión se atemoriza,
y dudosa al trascender,
incrédula se retira.
Ésta es tal que, pronunciarla,
parece que es tiranía,
y quisiera hallar rodeos
solo por no referirla;
mas pues ha de ser forzoso
para provocar tus iras
que la pronuncie mi lengua,   1120
pague por solo decirla
la pena que me ocasiona
el dolor de repetirla.
Este caribe Axoténcalt,
a su hijo (dudarías,
si yo no fuera su madre,
que otro que era su hijo diga),
en una hoguera (¡qué pena!)
de fuego infernal prendida
(bien digo fuego infernal,   1130
pues él solo hacer podía
que el fuego de amor de hijo
se redujese a ceniza)
abrasó su tierna infancia,
consumió su lozanía.
¡Oh, crueldad!, ¿qué se reserva
de ti, si tiras las líneas
más allá del pensamiento?,

¡que aquél que el ser participa
a su hijo, quite el ser!,   1140
¡que aquél que su imagen pinta
con amor, borre su imagen,
sin que el verse en él le impida!;
pues quien a sí propio abrasa,
¿qué reservará su ira?
Justicia, grande Cortés,
a vuestras plantas rendida,
os pido; sea este llanto
espejo donde percibas
la razón que me acompaña,   1150
el dolor que me lastima,
los pesares que me aquejan,
las ansias que me fatigan,
la crueldad de ese tirano,
y la razón que te obliga
a apartarte a la piedad,
a acercarte a la justicia.

Cortés   ¡Habrá más fiera crueldad!

Fray Martín   ¡Espantosa alevosía!

Alonso   ¡Horrorosa atrocidad!   1160

Mendrugo   ¡Ah, Cristóbal!, voto a Cristo,
                  que le he de sacar las tripas.

(Saca cuchillo.)

Fray Martín   Téngase, hermano.

Mendrugo   ¿Qué es «tenga»?;
                     deje correrle una ida.

Cortés   Si por la traición, dispuesta
                     pena de muerte tenía,
                     no sé, a tan grande delito,
                     qué modo de pena elija.

Mendrugo   Yo, señor, se la daré;
                     la licencia me permita;   1170
                     ¿quiere que le asga la lengua
                     y que le saque a ella asida
                     la asadura y que la vea
                     antes que le falte vida?

Cortés   No, hermano, en cuatro caballos
                     su persona dividida
                     sea.

Mendrugo   Yo serviré para eso,
                     y veamos quién mejor tira.
                     Id a ejecutarlo luego.
                     Vamos, ¡qué fiesta tan linda!   1180

Axoténcalt   La pena a que me condenas
                     la tengo tan merecida,
                     que ni aun a pedir perdón
                     mi arrepentimiento aspira.

Mendrugo (Llévanlo.)   Vamos, porque estoy
                     rabiando
                     ya por mirarle hecho jiras.

Cortés   Y vos, famoso Iztlizúchil,

ya mi palabra cumplida
habéis visto, pues os vuelvo
a la posesión invicta   1190
de vuestro reino.

Iztlizúchil   Mi afecto
solo puede ser propincua
paga de las honras vuestras.

Cortés   Vos las tenéis adquiridas.

Iztlizúchil   Y pues Mihuazóchil veo
cuánto a nuestra ley se inclina,
si mereciera su agrado,
la esposa que permitida
es, en ella, fuera sola.

Mihuazóchil   Por ser sola, dicha es mía;   1200
ésta es mi mano.

Iztlizúchil   Dichoso
quien de una desdicha, dicha
tal consigue.

(Sale Mendrugo.)

Mendrugo   Ya Axoténcalt
en cuatro partes distintas
está a un tiempo, y si él acaba,
con vuestro perdón, anima
al autor a darle fin
al Apostolado en Indias.

Fin

Libros a la carta

A la carta es un servicio especializado para
empresas,
librerías,
bibliotecas,
editoriales
y centros de enseñanza;
y permite confeccionar libros que, por su formato y concepción, sirven a los propósitos más específicos de estas instituciones.

Las empresas nos encargan ediciones personalizadas para marketing editorial o para regalos institucionales. Y los interesados solicitan, a título personal, ediciones antiguas, o no disponibles en el mercado; y las acompañan con notas y comentarios críticos.

Las ediciones tienen como apoyo un libro de estilo con todo tipo de referencias sobre los criterios de tratamiento tipográfico aplicados a nuestros libros que puede ser consultado en Linkgua-ediciones.com.

Linkgua edita por encargo diferentes versiones de una misma obra con distintos tratamientos ortotipográficos (actualizaciones de carácter divulgativo de un clásico, o versiones estrictamente fieles a la edición original de referencia).

Este servicio de ediciones a la carta le permitirá, si usted se dedica a la enseñanza, tener una forma de hacer pública su interpretación de un texto y, sobre una versión digitalizada «base», usted podrá introducir interpretaciones del texto fuente. Es un tópico que los profesores denuncien en clase los desmanes de una edición, o vayan comentando errores de interpretación de un texto y esta es una solución útil a esa necesidad del mundo académico.

Asimismo publicamos de manera sistemática, en un mismo catálogo, tesis doctorales y actas de congresos académicos, que son distribuidas a través de nuestra Web.

El servicio de «libros a la carta» funciona de dos formas.

1. Tenemos un fondo de libros digitalizados que usted puede personalizar en tiradas de al menos cinco ejemplares. Estas personalizaciones pueden ser de todo tipo: añadir notas de clase para uso de un grupo de estudiantes, introducir logos corporativos para uso con fines de marketing empresarial, etc. etc.

2. Buscamos libros descatalogados de otras editoriales y los reeditamos en tiradas cortas a petición de un cliente.j